Brenda Strohmaier
& Alexander S. Wolf

DER BERLIN-CODE
EINE BERLINUNGSANLEITUNG
IN ELF GEBOTEN

W0096142

berlin edition im
be.bra verlag

GEBRAUCHSANWEISUNG ZUR BERLINUNGSANLEITUNG

Berlin wird gerade zerstört. Wieder einmal. Wenn es etwas gibt, das typisch Berlin ist, dann die Veränderung. Die Veränderung ist Berlins Konstante. Ja, auch andere Metropolen wie New York, London, Hongkong oder Paris verändern sich ständig. Aber anders als fast alle anderen Weltstädte ist Berlin vor gar nicht langer Zeit erst aus Ruinen auferstanden. Im Zweiten Weltkrieg fast komplett zerbombt, hatte man in West- und Ost-Berlin noch mal kräftig mit der Abrissbirne nachgeholfen. Erst nach dem Mauerfall entstand das Berlin, das die halbe Welt und inzwischen auch halb Deutschland liebt, weil hier bei so vielem der Mix stimmt. Aus Work und Fun, Vergangenheit und Zukunft, Großstadt und Dorf.

Diese Balance ist nun schwer in Gefahr – ausgerechnet durch Berlins Erfolg. Die deutsche Hauptstadt boomt in jeder Hinsicht. Für 2015 meldeten die Statistiker rund 12,5 Millionen Besucher und ein Einwohnerplus von 50.000. Die Wirtschaft wuchs um drei Prozent, das wird nur haarscharf getoppt von Baden-Württemberg. Kurzum: Berlin hat gerade einen Lauf.

Doch es ist wie bei einer schönen Sommer-Blumenwiese: Wenn alle darauf feiern, hat man zwar einen Abend lang eine tolle Party mit vielen tollen Leuten, aber die Wiese ist im Eimer. Und so droht Berlin, zu einer Art Woodstock zu werden: einer Partylegende, bei der am Ende ein matschiger Acker zurückbleibt.

Berlin wächst gerade so rasant, dass die Alteingesessenen gar nicht mehr wissen, wo ihnen der Kopf steht. Die Berliner Politik ist hoffnungslos überfordert und schafft es weder, genügend Wohnungen für die neuen Mitbewohner zu bauen, noch, die Verkehrsinfrastruktur mitwachsen zu lassen (vom Flughafen wollen wir jetzt noch gar nicht schreiben). Die gebürtigen und altgedienten Berliner* werden – im Wortsinne – immer mehr an den

Rand ihrer eigenen Stadt gedrängt, die Sub-kultur, das kreative Berlin führt einen verzwei-felten Abwehrkampf gegen Luxuswohnungen, Bürobauten und Filialgeschäfte internationaler Marken. Die Indianer Berlins sind auf dem Weg in ihre Reservate, und das, was diese Stadt so außerordentlich beliebt gemacht hat, droht zu verschwinden.

Eine natürliche Reaktion wäre jetzt, Widerstand gegen den Zuzug zu leisten, dichtzumachen, gegen das Neue zu sein, gegen die Verände-rung zu kämpfen. Aber das wäre untypisch für Berlin. Denn Berlin war schon immer Verände-rung pur. Berlin hatte immer Lust auf Zukunft, war immer eine offene Stadt und muss es auch bleiben, um nicht die eigene Seele zu verlieren.

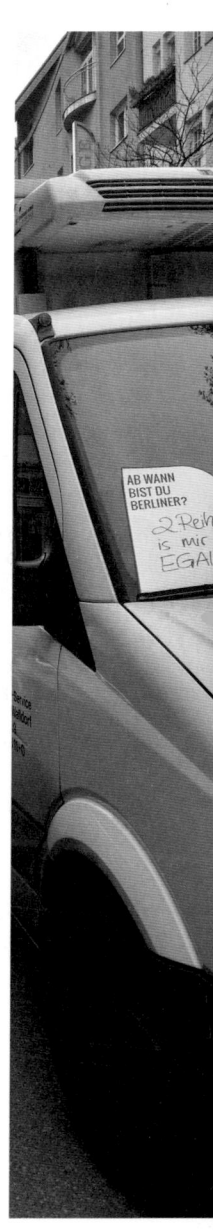

Also machen wir etwas anderes. Wir schreiben den Neuen auf, was diese Stadt so besonders macht. Denn diejenigen, die hierherkommen, haben sich schließlich deshalb auf den Weg ge-macht, weil ihnen Berlins Charakter gefällt. Nicht das Wetter oder die Gebäude, sondern die Menschen und die Attitüde. Und ebendie gehören unter Artenschutz gestellt, beschützt vor all jenen, die allein wegen der Immobilien oder billiger Arbeitskräfte kommen – und mit der Planierraupe für die Wiese.

In diesem Buch steht, was Berlin zu Berlin macht. Und was Neuberliner in Berliner verwan-delt. Wenn sie denn wollen. Wenn ihr denn wollt. Welcome! Damit Berlin Berlin bleibt, haben wir zusammengetragen, was dazu gehört.

„Wir" sind: Ein Netzwerk von Berliner Menschen und Organisationen, die im März 2016 eine Werte-Kampagne gestartet haben, ausgehend vom Berlin-Club „AusserGewöhnlich Berlin". Es war die erste Berlin-Kampagne, in der nichts behauptet, sondern nur gefragt wurde. Wir nannten das „Like Berlin" und wollten von Berlinern und Berlinerinnen wissen:

„Was sind Berlins drei Grundwerte?"
„Ab wann bist du Berliner?"
„Was dürfen Berliner niemals tun?"
„Was gehört in Berlin zum guten Ton?"
„Woher weißt du, dass du Berliner bist?"

Das Ergebnis ist der Berlin-Code, die erste Berlinungsanleitung. Wenn du (in Berlin wird gerne geduzt) sie gelesen hast, erzähle sie weiter, diskutiere sie, schick uns Kommentare, Ergänzungen, Kritik. Und mach mit bei der Befragung von Questfox, einer neuen Umfrage-Software, die viel Spaß macht und trotzdem valide Ergebnisse bringt. Diese findest du auf www.like.berlin.

Der Berlin-Code ist nicht fertig, er ist ein Projekt, ständig im Werden, nie im Sein. Schließlich sind wir keine Politiker, sondern normale Leute, die auf der Suche nach Ideen sind, um diese Stadt im Flow zu halten. Dieses Buch wird immer wieder aktualisiert werden, optimiert, korrigiert und ergänzt.

Denn das ist Berlin: Die einzige Konstante ist die Veränderung.

*Wir haben übrigens darauf verzichtet, immer jeweils beide Geschlechter im Text zu nennen und uns so das längliche „Berliner und Berliner-innen" gespart. Entschuldigungln.

WOHER WEISST DU, DASS DU BERLINERIN BIST?

WAS SOLL DIE FRAGE!?!

8

9

EIN GROSSES
DANKE AN
KAI STUHT!

www.kai-stuht.org

#'01

SEI OFFEN, TOLERANT
UND IGNORANT

WARUM MAN IN BERLIN FAST ALLES DARF
UND SICH TROTZDEM NIEMAND DAFÜR INTERESSIERT

Am 1. Mai 2016 wurde im Berliner Tiergarten eine Frau mit Pferde-maske und Pferdekostüm gesichtet. Sie trabte und galoppierte durch den Park, im Schlepptau eine einachsige Kutsche mit Mann drauf. Die „Bild"-Zeitung ermittelte – und fand heraus, dass es sich bei der Frau um eine gewisse „Morgana" unbekannter Herkunft handelte, beim Kutscher dagegen um Henning W., ansonsten wohnhaft in einem 10.000-Einwohner-Örtchen am Rande des Teutoburger Waldes. „Pony Play" nennt sich der Fetisch der beiden. Und es leuchtet ein, dass man so eine Vorlie-be besser nicht im niedersächsischen Bergland, sondern lieber im Tiergarten auslebt. Der Park ist schließlich schon berühmt für Nudisten und als Treffpunkt für Männer, die Sex mit Männern suchen. Und vor allem: Er liegt in Berlin, jener Metropole des Hedonismus, die sich seit Jahrhunderten mit einem gewissen Recht für ihre Toleranz preist.

Die Berliner Toleranz gilt heute als ein Weltwunder, ein Phäno-men, an dem Hunderttausende von Touristen teilhaben wollen. Etliche dieser Urlauber sieht man mit einer Bierflasche in der Hand durch die Straßen schlendern oder herumlungern, auch dies ein Vorgang, der vielerorts in der Welt nicht mehr selbst-verständlich ist (oder mit brauner Papiertüte getarnt wird). In der Tat lässt es sich wohl fast nirgendwo auf dem Globus in jeder Hinsicht so gut ungeniert leben wie in Berlin. Das oberste Gebot in der Stadt heißt: Du darfst dein Ding machen, wer auch immer du bist, woher auch immer du kommst, solange du niemanden nervst. Und die Nerven der Hauptstädter sind stark.

Die Berliner Freiheitsliebe kann dabei die unterschiedlichsten Formen annehmen, dazu gehören Gitarre spielende Skateboar-der (echt schon gesehen) ebenso wie der Linienbusfahrer, der über den Lautsprecher die Sehenswürdigkeiten erklärt, an denen man gerade vorbeifährt, oder die Bäckereifachverkäuferin, die sich launemäßig hemmungslos gehen lässt.

In Berlin darf man sogar – und das haben wir ein paar Monate lang unter dem Motto „Like Berlin" getan – Plakate in der ganzen Stadt kleben, dann die Leute auffordern, sie mit Berliner Grundwerten zu beschmieren, um sie schließlich wieder einzusammeln. In München gäbe das eine böse Geldstrafe, in Singapur sicher hundert Jahre Gefängnis. Die Berliner und Berlin-Besucher haben stattdessen darauf den Laisser-faire-Spirit der Stadt dokumentiert. Auf den Plakaten in B-Form haben wir unter anderem Antworten gefunden wie „Leben und leben lassen", „Mach doch. Lasse doch. Wird schon" oder „Come as you are". Toleranz ist ganz klar oberste Berliner Bürgerpflicht.

Berlin, das ist die Stadt, in der zumindest gefühlt alles geht. Und der begeisterte Besucher und lokalpatriotische Bewohner mit Oden an die Freiheit huldigen, gerne im Dreiklang mit den unterschiedlichsten Charakteristika. Auf den B-Plakaten heißt es etwa, Berlin stehe für „Toleranz, Wandel, Positivität", „Freiheit, Vielheit, Offenheit" oder „Toleranz, Frei-Sein, Spaß". Vor allem die Kombination Berlin, Toleranz und Freiheit scheint geradezu zwingend. Jemand schrieb sogar als Grundwert von Berlin kurzerhand das Wort Freiheit in 24 Sprachen auf ein Dickes-B-Poster.

Die Freiheit, die hier gemeint ist, bedeutet nicht nur eine Unabhängigkeit von spießigen Regeln, sondern eben auch eine Freiheit zu etwas, nämlich eine Erlaubnis, in aller Öffentlichkeit das zu tun, worauf man gerade Lust hat. Sei es, barfuß U-Bahn zu fahren, auf dem Fahrrad mit Trillerpfeife im Mund und Ohropax in den Ohren für eine Splitterpartei zu werben oder eben Pony zu sein. All die Libertés, Freedoms und Hürriyets lassen sich zusammenfassen mit: In Berlin darfst du mitspielen. Oder wie es auf einem B-Plakat heißt: „Individualität für alle".

Wir haben sowohl für „Like Berlin" als auch zuvor für eine wissenschaftliche Arbeit über die Besonderheit Berlins* verschiedene Diskussionsgruppen organisiert. Oft landet man schließlich bei kollektiven Überlegungen dazu, wie nackt man eigentlich in Berlin sein darf. Typisches Ergebnis: „Fast ganz nackt. Aber in der U-Bahn sollte man doch wenigstens Stringtanga tragen." Und schon ist man bei Anekdoten wie die vom Hausmeister eines Mietshauses, der immer im String das Treppenhaus wienerte. Sowohl der Hausmeister als auch die Bewohner taten dabei so, als sei das ganz normal. Typisch Berlin. Ein (heterosexueller) Taxifahrer formulierte dieses Lebensgefühl bei einer Diskussionsrunde über die Stadt wie folgt: „Es fracht keener, ob du schwul bist oder lesbisch oder weeß ick nich wat, dit lebst du einfach. Fertig."

Freiheit durch Nicht-Beachtung, durch Nicht-Fragen. Fertig. Klingt einfach. Und erklärt sofort, warum Promis wie Angelina, Brad, George und Quentin sich so unbeschwert in Berlin bewegen können und die Stadt lieben (siehe Gebot 7: Entspann dir). Die Sache ist aber etwas komplizierter. Erstens deshalb, weil das Nicht-Fragen nicht einfach passiert. Sondern eine bewusste Entscheidung zur Coolness ist, ein Arbeitssieg sozusagen, den Neuankömmlinge erst als solchen begreifen müssen. Zweitens, und da hakt es bei vielen am Verständnis des Zusammenhangs, gehört zur Toleranz auch zwangsläufig eine Schattenseite, quasi der Preis für das Laisser-faire: die Ignoranz.

„ABER IN DER U-BAHN SOLLTE MAN DOCH WENIGSTENS STRINGTANGA TRAGEN"

*Brenda Strohmaier hat an der Technischen Universität Darmstadt bei der Soziologin Martina Löw zum Thema „Wie man lernt, Berliner zu sein" promoviert (veröffentlicht 2014). Einen Teil der Erkenntnisse nutzen wir nun für den „Berlin-Code". Dem Textfluss zuliebe machen wir die Quellen der jeweiligen Aussagen nicht jedes Mal kenntlich.

Wir erreichen Berliner –
online und offline!

Die Ströer Gruppe bietet ein breites Portfolio an
Kommunikationslösungen, die Marken und Produkte mit
Zielgruppen verbinden. Die Mittler sind die Werbeträger
und -formate der Online- und Out-of-Home-Medien.
So erreicht Ströer die Berliner überall dort, wo sie leben
und sich bewegen.

Die Berliner sind schließlich auch Meister im Wegsehen, was Graffiti angeht oder Menschen, die betrunken durch die Gegend torkeln. Oder gleich in der Gegend herumliegen. Selbst das versemmelte Projekt Großflughafen scheint nach bislang fast fünf Milliarden Euro Kosten (acht könnten es am Ende werden) niemand so richtig aufzuregen. „Eigentlich gut, dass Tegel noch auf ist", hört man öfter. Wegen dieser Attitüde ruft die Berliner Coolness oft noch ganz andere Assoziationen hervor. „Anonymität, Distanziertheit, Gleichgültigkeit" fiel manchen zu Berlin ein, ebenso „Chaos, Dilettantismus". Oder, voll auf die Zwölf formuliert: „Scheißegal-Mentalität". Auch das ist typisch Berlin. Bei Berlin-Code denkt so mancher sofort an Berlins Kot, also lauernde Hundehaufen.

Entsprechend umstritten war der jüngste Spot der Berliner Verkehrsbetriebe, der zeigt, wie sehr Toleranz und diese Egal-Haltung zusammenhängen. Darin sieht man den Rapper Kazim Akboga durch Bahnhöfe und Waggons tanzen, während die Fahrgäste seltsame Dinge tun, Zwiebeln schneiden oder auf einem echten Pferd (hello again!) herumsitzen. Und immer wieder singt Akboga „Is mir egaaal". Im Abspann heißt es: „Nur wir lieben dich so, wie du bist." Weil er die Tolerignoranz Berlins so perfekt traf, wurde der Spot auf YouTube über fünf Millionen Mal angeschaut. Und fand durchaus etliche Kritiker, darunter den „Welt"-Autor Peter Praschl. Er tut die Spot-Szenarien, in denen auch ein paar Leder-Schwule vorkommen, als „Vielfältigkeitskitsch" ab. Und moniert: „Die tolerante Egal-Haltung, die das Unternehmen in seiner Imagekampagne für sich reklamiert, pflegt es ja auch gegenüber seinen eigenen Verrücktheiten." Heißt: bei Zugausfällen und technischen Mängeln.

Wer von Berlin-Hymnen wie „Is mir egaaal" nicht genug bekommen kann, der möge sich wiederholt das Video der Berliner Band „Großstadtgeflüster" ansehen: Ihr Song „Fickt Euch Allee", von einem falsch geschriebenen, stadtbekannten Graffiti in der

Schlesischen Straße inspiriert, wurde 2,5 Millionen mal angesehen. Kennste trotzdem nicht? Geht so:

„Ich hör euch nicht, ich bin in meinem
Wochenendhäuschen in der Fickt-Euch-Allee,
Wo ich auf der Veranda meine Eier schaukle.
Da hab ich immer recht und 'n Blick auf'n See
In meinem Wochenendhäuschen in der Fickt-Euch-Allee."

Tatsächlich ist die Berliner Toleranz nicht einfach Wurstigkeit, nicht etwas, das eben so passiert, das mit der Berliner Luft eingeatmet wird. Sondern immer wieder schwören sich die Städter gegenseitig auf diesen Wert ein und bringen Neulingen vehement bei, warum sich die Scheißegal-Haltung ihrer Meinung nach trotz ihrer Schattenseite lohnt. Wie das genau funktioniert, konnten wir in den Gesprächsrunden erleben, die wir mit ganz unterschiedlichen Menschen veranstaltet haben. Da kritisierten etwa junge Deutschtürkinnen den einzigen Mann in der Runde für seine homophoben Äußerungen. Als der sich über „Männer Arm in Arm" beschwerte, belehrten sie ihn: „Ach so, schwul. Multikulti, musst dich dran gewöhnen." Zu multikulti, so ihre Lektion, gehöre auch, dass man Homosexuelle toleriere. Eine Runde Berliner Schwuler wiederum redete eine Weile über arabische und türkische Parallelgesellschaften und beklagte fehlende Integration. Doch letztlich kamen die Diskutanten zu dem versöhnlichen Schluss: „Wir sind ja auch 'ne Randgruppe, die sich gern untereinander aufhält."

Wie solche Gruppendiskussionen zeigen, will Berlin offensichtlich gelernt sein, Toleranz inklusive. Lektionen zum Thema fallen durchaus rabiat aus. In einer Gruppe älterer Berliner beschwerte sich ein grummeliger Herr darüber, Berlin sei zu tolerant, es gebe zu viel Kriminalität, zu viele Ausländer. Daraufhin fiel die Drohung, ihm werde bald noch das Auto abgefackelt. Ganz klar: Toleranz wird in Berlin immer wieder neu verhandelt, auf ganz

unterschiedliche Art und auf ganz unterschiedlichen Ebenen um das „leben und leben lassen" gerungen. Auch darum, dass es wirklich für alle gilt. Schon die Berlinerin Rosa Luxemburg erklärte: „Freiheit nur für die Anhänger der Regierung, nur für Mitglieder einer Partei – mögen sie noch so zahlreich sein – ist keine Freiheit. Freiheit ist immer Freiheit der Andersdenkenden." Heute setzt sich der Wahlberliner Ahmad Mansour – ein arabischer Israeli – mit viel Passion und Intellekt dafür ein, dass mehr muslimische Eltern ihren Kindern elementare Freiheiten wie das Recht auf eine selbstbestimmte Sexualität einräumen. Andere Berliner kämpfen bestens organisiert gegen Rassismus, Antisemitismus und Homophobie. Bärgida, der Ableger der Antiislambewegung Pegida, hatte in Berlin kaum eine Chance. Zu wenige gingen dafür auf die Straße, zu viele dagegen, getreu dem Toleranz-Motto von Friedrich II. (1712–1786): „Den hier mus ein jeder nach seiner Faßon selich werden." Das hatte der Regent, der als „der Große" in die Geschichte einging, 1740 an den Rand

eines Papiers zur religiösen Erziehung geschrieben. Auf den B-Plakaten findet sich der Spruch in fast wortgleichen Varianten wie: „Weil in Berlin jeder nach seinem Gusto glücklich werden kann."

Tatsächlich lohnt ein Blick zurück, will man verstehen, warum eine Frau im Ponykostüm heute so lustvoll durch Berlin traben kann. Zu Zeiten von Friedrich II. soll ein besonderes Sexualdelikt ein preußisches Gericht beschäftigt haben: Der Überlieferung zufolge hatte ein Mann mit einem Esel kopuliert und wurde deshalb zur Todesstrafe verurteilt. Der preußische König annullierte das Urteil angeblich höchstpersönlich. Begründung: In seinen Landen gelte die „Freiheit des Geistes und des Penis". So heißt es zumindest in den 1759 verfassten Memoiren von Voltaire, diesem von Friedrich so hoch geschätzten Aufklärer.

Wer das Gerede von Toleranz oder eben den BVG-Spot für naiven Gutmenschen-Quatsch hält: Hinter der urpreußischen Toleranzpolitik steckten beinharte ökonomische Interessen, nicht erst seit den Zeiten Friedrichs des Großen. Interessen, die sich aus der Siedlungsgeschichte der Stadt erklären lassen und mit der abgelegenen östlichen Lage Berlins zu tun haben.

Vor dem Mittelalter befand sich die Region, in der die Stadt entstand, einige Jahrhunderte lang nicht nur in der Nähe zur slawischen Welt, sondern sie war ein Teil davon. Berlin erwuchs im Land der Heiden, inmitten von Sand und Sumpf, zunächst in Form der zwei Marktflecken Berlin und Cölln. Dass die bald nach der Gründung den Festungsorten Spandau und Köpenick ihren Rang als Handelsplatz ablaufen sollten, war durch zwei eng miteinander verknüpfte Entwicklungen bedingt: Zum einen begaben sich im Jahr 1147 christliche Eroberer auf einen Kreuzzug Richtung Osten, den sogenannten Wenden-Kreuzzug. Christen sollten das Gebiet besiedeln, und in Berlin herrschten bald die frommen Askanier. Zum anderen explodierten im Westen Europas die Bevölkerungszahlen, und Menschen machten sich von dort aus auf die Suche nach einem besseren Leben in den dünn besiedelten Gebieten östlich der Elbe.

So kam es, dass Berlin im Mittelalter sogleich als Stadt in Erscheinung trat, für deren Besiedlung die Regenten immer wieder werben mussten. Sogenannte Lokatoren machten sich in den dicht besiedelten Teilen Europas auf die Suche nach neuen Bewerbern – und priesen die Möglichkeiten des Neulandes. Welchen Mythos sie in der Welt verbreiteten, ist nicht überliefert, es wird wohl noch nicht das berühmte Wowereit'sche „arm, aber sexy" gewesen sein, eher etwas in der Art, wie es die Kirchenprovinz Magdeburg im Jahr 1108 Kreuzfahrern versprach: „Die Heiden sind schlimm, aber ihr Land ist sehr gut an Fleisch, Honig, Mehl und Vögeln und, wenn es bebaut wird, voller Reichtum der Ernten vom Lande."

Ein paar Hundert Jahre später wurde unter den Hohenzollern religiöse Toleranz eine explizite Strategie, um Bewohner ins rohstoffarme Brandenburg zu locken. Kurfürst Friedrich Wilhelm, der die Region fast fünfzig Jahre regierte und sich den Zusatz „Großer Kurfürst" verdiente, erließ ab den 1660er-Jahren eine Reihe von Edikten, die Neuankömmlingen Steuererleichterungen und andere Vergünstigungen versprachen. Das berühmteste stammt aus dem Jahr 1685: Mit dem „Edikt von Potsdam" öffnete Brandenburg sein Herrschaftsgebiet für den Zuzug hugenottischer Flüchtlinge aus Frankreich. Auch Juden, die mehrmals aus der Region vertrieben wurden, durften sich wieder in begrenzter Zahl ansiedeln.

Toleranz als Chance – der Historiker Thomas Biskup erklärt dies in dem Sammelband „Selling Berlin" als Alleinstellungsmerkmal, das die protestantischen preußischen Herrscher zu vermarkten wussten. So entstanden – anders als zum Beispiel in der

Berlin hat eine große kreative Gemeinschaft, die ihre Perspektiven und Sichtweisen leidenschaftlich austauschen.

Egal, welche Vorlieben man in sich trägt, hier finden und erweitern sich die eigenen Kreise.
Hier lassen sich die interessantesten Menschen der unterschiedlichsten Lebensarten (Society und Subkultur) zusammenführen ...

eine Stadt der Vielfalt, ein Schwirren, ein Ort des ständigen Werdens.

... doch hier pocht die Seele der Wahrhaftigkeit, die dem Sein und dem Tun Ehrlichkeit und Authenticität verleiht.

Hier stelle ich mich den Herausforderungen des Alltags und wage es, zu träumen.

Berlin kann einem echte schöne Stunden voller Klarheit und Fortziertheit, ein bisschen Sternenstaub, eine gute Brise Weisheit und das Wesen der Liebe schenken ...

It is a place of culture
that's why I value this city.

with affection Britt Kanja

BRITT KANJA, BERLINS PHILOSOPHISCHE PARTY-ELFE, IST URBERLINERIN UND ERKLÄRT IN EINEM BRIEF, WAS DIE STADT SO BESONDERS MACHT

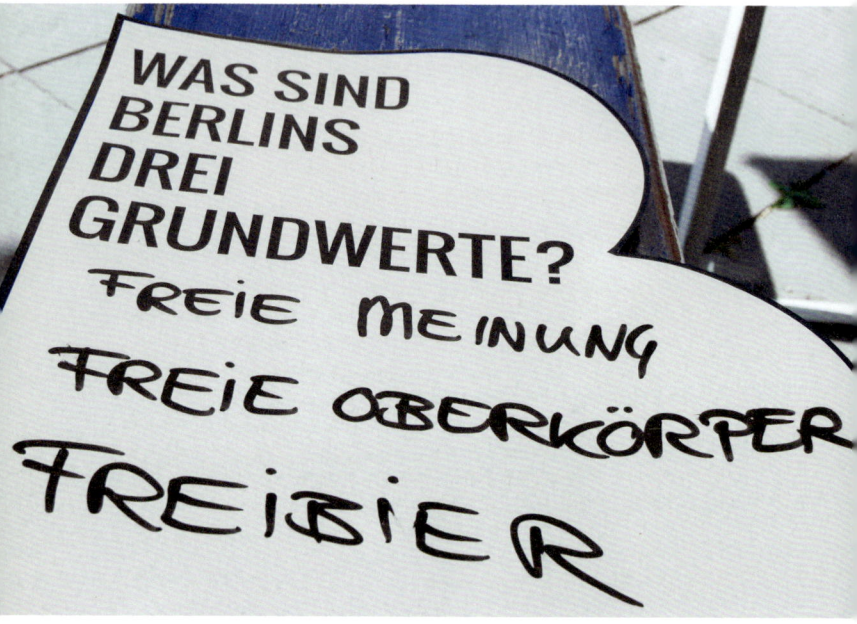

Habsburgermonarchie – in Berlin an repräsentativer Stelle Kirchen für die protegierten Gemeinden. Friedrich II. erteilte sogar die Genehmigung zum Bau der ersten katholischen Kirche in Berlin, der „St.-Hedwigs-Kirche", ganz in der Nähe „seiner" Oper. So wurde ausgerechnet aus einer Stadt, die den missionarischen Askaniern ihre erste Blüte verdankt, eine, die zu Zeiten der Hohenzollern mit Religionsfreiheit für sich warb. Und die sich heute ganz in dieser Tradition mit dem Slogan anpreist: „Sei Berlin!"

Berlin, das ist ganz offiziell ein Projekt für alle. Vielleicht auch deshalb, weil sich die Stadtvermarkter die Thesen des US-Ökonomen Richard Florida zu Herzen nahmen. Dessen Credo: Ein Ort müsse sich im Dienste des wirtschaftlichen Erfolges vor allem um drei T-Faktoren bemühen: Talente, Technologie, Toleranz. Für so ein wichtiges T lohnt es sich doch, ein paar Graffiti und ein bisschen Dreck in Kauf zu nehmen.

Allein aufgrund seiner Geschichte sollte es Berlin peinlich sein, dass es bei der Aufnahme von Flüchtlingen im Landesamt für Gesundheit und Soziales (Lageso) anfangs so desaströs haperte. Zur Ehrenrettung muss allerdings gesagt werden, dass die Berliner Bevölkerung 80.000 Flüchtlinge innerhalb eines Jahres in ihrer Stadt aufnahm, ohne dass es irgendjemanden groß beunruhigte. Berlin funktionierte mal wieder, auch ohne seine Politik.

Denkmalschutz in Berlin sollte aber unbedingt umfassen, die gute alte Toleranzpolitik mit allen Mitteln offiziell zu verteidigen und für jeden durchzusetzen. Die zukünftigen Regierungen täten gut daran, diesen ältesten aller Berliner Grundwerte deutlicher als bisher zu kommunizieren und dafür einzustehen. Denn das ist leider auch in Berlin dringend notwendig. Neben „Jeder ist willkommen" fanden sich auf den B-Plakaten auch etliche homo- und xenophobe Schmierereien wie „Scheiß Homos" oder „Ausländer gleich faules Pack". In Zeiten, in denen immer mehr Menschen Angst vor dem Neuen, Anderen haben, muss Berlin noch mehr dafür kämpfen, das zu bleiben, was es jahrhundertelang war: das gute Beispiel, dass Menschen unterschiedlichster Religionen friedlich miteinander leben können.

Aber dazu brauchen die Berliner selbst gute Vorbilder: Wenn schon der Papst die einfache, aber plakative Idee hatte, als symbolischen Akt einige Flüchtlinge zum WG-Wohnen in den Vatikan einzuladen, wieso machen so etwas nicht die Berliner Senatoren und holen ein paar Neuberliner zum Couchsurfen in ihre privaten Häuser? Wieso übernachtet der Regierende nicht mal in einer Flüchtlingsunterkunft? Wieso sind immer nur die einfachen Berliner auf den Straßen zu sehen, wenn es ehrenamtliche Hilfsaktionen gibt? Wieso besucht nicht einmal ein Senator eine Moschee – gemeinsam mit ein paar Vertretern der schwul-lesbischen Community?

„BERLIN FUNKTIONIERTE MAL WIEDER, AUCH OHNE SEINE POLITIK"

Warum nicht mal das Berghain – mit Vertretern von muslimischen Gemeinden? Wieso gibt es nicht mal eine richtig gute Party im Roten Rathaus – mit allen Clubs der Stadt? Und weshalb gibt es kein Festival auf dem Tempelhofer Feld, dem Olympiastadion oder auf dem 17. Juni, bei dem Berlin sich und seinen toleranten, ignoranten Lebensstil einmal im Jahr selbst feiert? Eine Berlin-Parade, schön bunt und schön durcheinander, so, wie Berlin eben ist. Irgendwie Karneval der Kulturen, CSD und deutsch-amerikanisches Volksfest in einem.

Manchmal sind es ganz einfache Dinge, die den Unterschied machen. Zukünftige Berliner Regierungen werden daran gemessen werden, wie viel Engagement sie zeigen, Urberliner Traditionen wie das Toleranzprinzip mit neuem Leben zu füllen. Damit weiterhin in jeder Hinsicht gilt, was John F. Kennedy am 26. Juni 1963 sagte: „Vor zweitausend Jahren war der stolzeste Satz ‚Ich bin ein Bürger Roms'. Heute, in der Welt der Freiheit, ist der stolzeste Satz ‚Ich bin ein Berliner'. Alle freien Menschen, wo immer sie leben mögen, sind Bürger Berlins ...“

„Like Berlin" hat auf einigen Plakaten auch danach gefragt, woran man erkennt, dass man Berliner ist. Eine typische Antwort: „Wenn du dich über NICHTS mehr wunderst." In dieser Charakterisierung Berlins schwingt mit, dass zu Berlin auch Ungeheuerliches gehört. „Es ist in Berlin eben nicht alles Friede, Freude, Eierkuchen", erklärte dazu in einer Diskussionsrunde einer, der sich mit dem Berliner Alles-geht-Lebensgefühl partout nicht wohlfühlt. Damit bezog er sich auf das Motto der allerersten Loveparade im Jahr 1989, jener Techno-Parade, die in den folgenden Jahren zur Massenbewegung mit über einer Million Teilnehmer anschwoll. Und die zeigte, dass „Friede, Freude, Eierkuchen" sich auszahlen kann. Die Fernsehbilder von halb nackten Tänzerinnen und Tänzern verbreiteten sich rund um den Globus – und machten der Welt klar, warum es sich lohnt, nach Berlin zu kommen. Besser hätte sich Friedrich II. das auch nicht ausdenken können.

WAS SIND
BERLINS
DREI
GRUNDWERTE?

EHRLICHKEIT

HILFS BEREITSCHAF

ANDERS SEIN

#'02

DENKE WEITER ALS DAS GELD

WIE BERLINER DAS GLÜCK DEFINIEREN

Angeben geht in der deutschen Hauptstadt anders als anderswo. In London, Peking oder New York mag man mit exklusiven Autos, Anzügen und Accessoires oder Golfclub-Memberships Eindruck schinden, in Berlin hat man mit Statussymbolen schnell ein Problem. Für Aufregung sorgte die an Porschefahrer gerichtete Warnung des Polizeipräsidenten aus dem Jahr 2008. Der riet in der „taz" dringend davon ab, solche Karossen über Nacht in Kreuzberg zu parken. Zu groß sei die Gefahr, dass sie abgefackelt würden. Wie sehr man mit demonstrativem Wohlstand die Gemüter in Berlin erhitzt, erlebte einst auch ein Privatjet-Unternehmer, der lässig mit seiner Centurion Card in der legendären Bar 25 bezahlen wollte. Und deswegen fast rausgeworfen worden wäre. Merke: Wenn du in Berlin keinen Ärger haben willst, solltest du deinen Reichtum lieber verbergen. Und: Je teurer die Uhr, desto geringer die Chancen an der Tür vom Berghain.

Berlin ist etwas, was es eigentlich gar nicht gibt: eine Weltstadt, die ein Dorf ist. Eine Mischung aus New York und Reykjavik. Eine Metropole, die nicht wie die Kapitalen vieler anderer Industrieländer auch gleichzeitig das Wirtschaftszentrum des Landes bildet. Hier liegt das Bruttoinlandsprodukt pro Kopf seit Jahrzehnten unter dem Durchschnitt. Und hier ist deshalb Geld kein Zweck an sich, sondern vor allem ein Mittel, um durchs Leben zu kommen.

Das „aber" im berühmten „arm, aber sexy" ist streng genommen nicht richtig, denn der eigentliche Widerspruch wäre in Berlin reich und sexy. „Arm und sexy" wäre dagegen korrekt. Das wird deutlich, wenn man sich anschaut, woher der Slogan stammt, nämlich aus einem Interview des damaligen Regierenden Bürgermeisters Klaus Wowereit mit „Focus Money". Das Magazin wollte im Jahr 2003 von ihm wissen, ob Geld attraktiv mache.

Darauf der Urberliner Wowereit: „Nein. Das sieht man an Berlin. Wir sind zwar arm, aber trotzdem sexy." Auf die Frage, was er für Verschwendung halte, antwortete er: „Mehrere Autos." Dass er damit den Berlinern aus der Seele gesprochen hatte, zeigen die Antworten auf unsere Like-Berlin-Frage: Was macht Berlin aus? „Poor but sexy", schrieben die Leute gleich mehrmals auf die B-Plakate. Was Berliner niemals tun dürfen? „Geld verdienen." Was sie tun sollten? „Fahrrad statt Auto." Woran merkst du, dass du Berliner bist? „Wenn du die Rolex untenrum trägst." Was zum guten Ton gehört? „Pfandflaschen nie wegschmeißen, man stellt sie neben den Mülleimer, damit Menschen, die diese Flaschen brauchen, nicht in den Müll greifen müssen."

Derartige Rücksichtnahme passt zu einer Stadt, die trotz ökonomischer Aufholjagd für deutsche Verhältnisse bettelarm ist. Knapp zehn Prozent der Bewohner sind arbeitslos. Das sind zwar deutlich weniger als 2005, damals schrammte die Quote knapp an der 20-Prozent-Marke. Aber im Bundesvergleich ist sie fast Rekord, nur der Stadtstaat Bremen weist eine höhere auf.

Über 500.000 Berliner bekommen sogenannte „Transferleistungen". Insofern trifft die Berliner die Gentrifizierung der vergangenen Jahre besonders hart, viele Ureinwohner zentrifugierte es aus dem inneren S-Bahn-Ring an die Randbezirke. Dabei flüchteten nicht alle aus ökonomischen Gründen, manche fühlten sich angesichts der durchakademisierten Neulinge einfach nicht mehr zu Hause. „Hier gibt es doch keine Kneipe mehr für mich", erklärte ein in Kreuzberg aufgewachsener Handwerker seinen Umzug von dort an den Stadtrand. Im Stadtteil Mitte wiederum kann man spätabends die Kioskverkäuferin des Vertrauens an der Tram-Haltestelle wiedertreffen. Wo es hingeht? Nach Marzahn. In die neue Heimat. „Wer kann sich das hier noch leisten?"

Längst ist das unterschiedliche Leben von Reich und Arm ein Fall für die Satiriker der „ZDF heute-show". Sie zeigten eine

AB WANN BIST DU BERLINER?

Wenn du schon morgens schlecht drauf bist

Wenn du die Rolex unterrum trägst !!!!!

Wenn Mutti & Vati auch schon waren.! :P

Berlin is never Berlin

Wenn du nicht in Spandau wohnst!

Wenn du Verliebt in Berlin bist ♡♡♡♡♡

Fotomontage eines kleinen Jungen mit Fliege am Hals und eines Mädchens mit Bierflasche in der Hand. Daneben hieß es: „Jedes dritte Kind in Berlin lebt von Hartz IV. Die anderen beiden von Quinoa und Chia-Samen."

Bei allen Unterschieden im Lebensstil gibt es aber doch etwas, das bildungsferne Hartz-IV-Empfänger, Handwerker und mittel-schichtige Lebensoptimierer eint: Berlin, und die ortstypische Suche nach dem kleinen Glück. Ob man nun mit Arbeitslo-sen, Taxifahrern oder Studierenden über die Stadt diskutiert, allesamt schwärmen sie von den besonderen günstigen Möglichkeiten Berlins. Wie morgens um sechs Uhr vor dem

Außenministerium am Spreekanal angeln zu können. Auf dem Stand-up-Brett über den Wannsee zu paddeln. Oder umsonst in der Philharmonie ein Mittagskonzert zu hören. Um es mit den Worten einer rüstigen, wenig betuchten Rentnerin zu sagen: „Du kannst in Berlin, wenn du dich ein bisschen umtust, ooch zum Nulltarif viel kulturelle Sachen machen."

Der Goldstandard in Berlin ist das Wissen, wie man das Beste aus der Stadt herausholt – damit lässt sich mehr auftrumpfen als mit Expertise über Manschettenknöpfe oder Handta- schenmodelle. Wer in Berlin eine kleine Kaffeebar betreibt und Zufriedenheit ausstrahlt, bekommt sicher mehr Respekt als der gestresste Unternehmensberater. Insofern ist Berlin inzwischen eine weise Stadt. Eine Stadt, die aus ihrer eigenen Geschichte lernen musste.

Auch in Sachen Bescheidenheit war Friedrich II. ein großer Lehrmeister. Als junger Mann eitel, demonstrierte er in späteren Jahren mit abgenutzter Kleidung seine Bedürfnis- losigkeit. Meist trug er die einfache Uniform seines Garde- regiments, die Jacke vom Tabak besudelt, die Hemden geflickt, die Hosen abgewetzt. Als er starb, soll er kein eigenes heiles Hemd besessen haben. Sein Totenhemd stammte von einem Soldaten. Es scheint vielleicht etwas weit hergeholt, die Berliner Abneigung gegen Status- symbole auf ihn zurückzuführen, aber der Kult um den König war groß und nachhaltig. Und manche Geschichts- schreiber – darum wird es in Gebot 3 gehen – schreiben ihm sogar den typischen Berliner Humor zu.

Vielleicht hat die Abneigung gegen Geprotze mit Bling-Bling aber auch einfach damit zu tun, dass Berlin schon einmal alles hatte – und es dann wieder verlor. Die Spreemetropole war 1920 die drittgrößte Stadt der Welt, mit Unternehmen wie Siemens, AEG oder Telefunken europaweit führend in der Elektroindustrie

„DU KANNST OOCH ZUM NULLTARIF VIEL KULTURELLE SACHEN MACHEN"

(deshalb gibt es in Berlin immer noch die Internationale Funkausstellung). Ein paar Jahre war sie so wohlhabend, dass Brücken, Eisenbahnstrecken und sogar ganze Stadtviertel mit privaten Mitteln gebaut wurden (zum Beispiel die Jannowitzbrücke, die U1 oder Siemensstadt).

Es gab Zeiten, in denen man Berlin und die Berliner, diese preußischsten Preußen, im Rest Deutschlands und der Welt hasste. Der österreichische Autor Alfred Fried watschte sie im Jahr 1908 mit den Worten ab: „Die Berliner sind arrogant, die Wiener sind gemütlich", schrieb er. „Der harte Kampf mit der Natur hat bei dem Berliner die Verstandesfähigkeiten zu sehr ausgebildet und die Seelenfähigkeiten verkümmern lassen. Der Boden, der den Wiener tanzen lehrte, lehrte den Berliner rechnen. Und so rechnet, rechnet er tagaus, tagein und erwirbt Reichtümer, materielle Reichtümer, die ihn aber seelisch zum Bettler machen."

Wie unbeliebt die auch Ostelbier genannten Berliner bei den deutschen Landsleuten waren, zeigte sich in den Briefen, die Soldaten während des Ersten Weltkriegs an ihre Familien schrieben. Eine Verunglimpfung der „Preußen" als „arrogant" und „größenwahnsinnig" unter rheinischen, hannoverschen, hessischen und schlesischen Truppeneinheiten sei weitverbreitet gewesen, schreibt der Historiker Christopher Clark.

Berlin in seinen reichen Zeiten war wie ein junger Mann, der gerade überraschend viel

Geld gemacht hat, jeden Tag in die Muckibude und ins Solarium geht, ein dickes, tiefergelegtes Auto fährt und eine enorm große Klappe hat. Doch der rasante Aufstieg des Popstars Berlin endete in zwei Katastrophen und jeweils harten Entzugsprogrammen. Am Ende war die Stadt komplett kaputt, und die Berliner hatten schmerzhaft gelernt: Mit Jeld alleene biste echt arm dran. Wichtiger ist es zu wissen, wie man aus nichts alles macht. „There is no other place to make money with almost nothing", heißt es auf einem B-Plakat. Wenn du alles hattest und trotzdem alles schieflief, beginnst du, über den Wert des Geldes nachzudenken.

Heute hat Berlin weniger Geld, aber alle lieben die Stadt (außer die Bayern). Und es ist die Hauptstadt eines Landes, in dem eine Kanzlerin regiert, die auf die Frage, welche Empfindungen Deutschland bei ihr wecke, mal sagte: „Ich denke an dichte Fenster! Kein anderes Land kann so dichte und so schöne Fenster bauen."

Dass man in Berlin heute so viel Wert auf ein bescheidenalternatives Lebensmodell legt, liegt auch daran, dass man zu Mauerzeiten genau so etwas in Berlin kultivierte. Gerade nach West-Berlin strömten viele, die nach einem anderen Deutschland suchten: Wehrdienstverweigerer, Lebenskünstler, Berlinzulage-Genießer. Menschen, die weniger nach einem perfekten Job Ausschau hielten als nach einem irgendwie künstlerisch angehauchten Lebensprojekt. Auch in Ost-Berlin sammelten sich die Künstler und Alternativen, hier formierten sich wichtige Teile der DDR-Opposition. Alles Menschen, denen Geld und Statussymbole nicht so wichtig waren wie ein erfülltes, freies Leben.

Nach der Wende wurde Berlin dann zur einzigen Weltmetropole eines westlichen Industrielandes, die deutlich sichtbare sozialistische Züge trägt. Immerhin war zwischen 2002 und 2011 der Sozialist Harald Wolf stellvertretender Bürgermeister und Wirtschaftssenator(!), in den östlichen Bezirken erzielte die Linke

Liebe Leserin, lieber Leser,

wir freuen uns über Ihr Interesse an unserem Verlagsprogramm. Auch in Zukunft möchten wir Sie gern **kostenlos** über wichtige Themen informieren (per Post und E-Mail). Deshalb bitten wir Sie, diese Karte ausgefüllt an uns zurückzusenden. Oder füllen Sie einfach unser Formular aus unter **www.bebraverlag.de/gewinnspiel.**

Als Dank für Ihre Mitarbeit verlosen wir unter den Einsendern pro Monat ein Buch aus unserem Programm, das Ihren Interessen entspricht. (Der Rechtsweg ist ausgeschlossen)

Diese Karte habe ich folgendem Buch entnommen:

Ich interessiere mich für:

- ☐ Zeitgeschichte
- ☐ Geschichte
- ☐ Berlin
- ☐ Brandenburg
- ☐ Sachsen
- ☐ Japan Edition
- ☐ Krimis
- ☐ Wissenschaft
- ☐ E-Books

Aufmerksam wurde ich auf das Buch durch:

- ☐ Zeitung/Zeitschrift
- ☐ Fernsehen/Radio
- ☐ Verlagskatalog
- ☐ Lesung
- ☐

INFOS, NEWS UND GEWINNSPIELE FINDEN SIE IM INTERNET:

- f www.facebook.com/bebra.berlin
- g+ www.google.com/+bebraverlag
- ▲ www.youtube.com/bebraverlag

be.bra verlag

Absender

Name   Vorname

Straße

PLZ/Ort

E-Mail

Alter   Beruf

Aktuelle Informationen
finden Sie im Internet unter
www.bebraverlag.de. Einfach
den QR-Code scannen!

Tel.: 030 / 440 23 810   Fax: 030 / 440 23 819   post@bebraverlag.de

Antwort

be.bra verlag GmbH
– Kundenbetreuung –
KulturBrauerei Haus S
Schönhauser Allee 37

D-10435 Berlin

Bitte als
Postkarte
freimachen

AB WANN
IST DU
BERLINER?

Wenn Du
Menschen
wichtiger findest
als Geld

immer knapp ein Drittel der Wählerstimmen. Die Grünen, in Teilen auch superlinks und zeitweise superstark, hätten 2011 sogar mit ein bisschen Geschick (Stichwort: Künast-Katastrophe) hier die Regierende Bürgermeisterin stellen können.

Während im reichen Süden Deutschlands Kitaplätze lange Jahre Mangelware waren, leistet man es sich in Berlin, die Gebühren dafür abzuschaffen – sehr zum Ärger vor allem jener Bundesländer, die im Zuge des Finanzausgleichs kräftig in die Hauptstadtkasse zahlen. Insbesondere Bayern, bislang größter Geber, beschwert sich immer wieder lautstark über Berlin. Das profitiert am meisten von der Umverteilung, kassierte allein 2015 rund 3,6 Milliarden Euro, mehr als 1000 Euro pro Einwohner. Der stramm konservative „Münchner Merkur" kommentierte zu dieser Subvention einmal: „Empfängerländer richten sich in ihrer Nehmerposition ein und verzichten auf Anstrengungen, Kosten zu senken und Steuereinnahmen zu steigern. Das ist Föderal-Sozialismus."

In Berlin hat man nichts gegen milde Gaben. Berlin hat den Geist eines Kapitalisten, aber das Herz eines Kommunisten. Das macht die Stadt so außergewöhnlich: Denn Ambition, große Projekte und Grandezza werden in Berlin gern gesehen, Berliner lieben große Pläne und verrückte Ideen. Aber wenn es nur ums Geldverdienen geht, verzieht der Berliner das Gesicht. Wenn du was erreichen willst, dann muss es mehr als nur Geld sein.

Damit ist Berlin eine der wenigen postkapitalistischen Weltmetropolen. Wenn Berlin sich dieses wertvolle Element bewahrt, wird diese Stadt das Vorbild vieler anderer Großstädte werden. Denn mit einer Gemeinschaft, die nach mehr als „immer mehr" strebt, kann man tolle Sachen anfangen: Carsharing, Fahrräder, Elektromobilität und Öffis zum Beispiel, zur Entlastung der gebeutelten Großstadtlungen. Wenn das Auto als Statussymbol keine Rolle mehr spielt, wird alles einfacher. Wenn schöne Ideen

HOW DO YOU KNOW THAT YOU ARE IN BERLIN?

When men take off their ties before arrival

BERLIN SIND ÄUSSERE WERTE EGAL.
UNS NICHT!

Wir sind die Verpackungsspezialisten und produzieren Verpackungen für dein Produkt, deine Marke oder deine Dienstleistung. Von der Einzelanfertigung bis hin zur Großserie.

Hol dir dein WELCOME PACKAGE für Berlin: www.berlin-package.de

den Menschen mehr wert sind als schöne Armbanduhren, kann man Zukunft leichter bauen.

Berlin kann das Beispiel sein für wachsende Weltstädte, für Menschen, die materielle Reichtümer erwerben, aber seelisch Bettler sind. Deutschlands Kapitale zeigt, wie es sich anfühlt, wenn man einen Ausgleich findet zwischen Geldverdienen und all den anderen schönen Dingen. Wie man Reichtum neu definiert. Wie wir nachhaltig, aber glücklich leben können. Dieses einzigartige historische Experiment namens Berlin ist es wert, weitergeführt zu werden.

Deshalb ist es wichtig, dass Berliner sich ihr Berlin leisten können, dass die Berliner Politik das Leben im Kapitalismus light weiterhin ermöglicht. Um nicht wieder in die alten Zeiten abzurutschen, als die arroganten Preußen nur rechnen, aber nicht tanzen konnten, müssen die Berliner vor dem internationalen Investoren-Tsunami geschützt werden, der gerade an ihr Spreeufer klatscht. Zum Beispiel, indem wir massiv Wohneigentum fördern, damit die Berliner nicht an die Stadtränder gedrängt werden, während sich in der Innenstadt Zweitwohnungswüsten wie in London ausbreiten. Und indem unsere Subkultur aktiv bewahrt wird, Zwischenräume als Biotope im wilden Immobilienmeer erhalten bleiben, auch wenn das kleine Café an der Ecke vielleicht nicht die gleiche Miete zahlen kann wie der Douglas-Laden.

Schließlich auch, indem man den Neuberlinern den Zauber einer weisen Stadt nahebringt, die in harten Zeiten Vieles gelernt hat: dass Geld wenig hilft, wenn du eine Mauer vor deiner Nase hast. Dass Reichtum mehr ist als dein Kontostand. Dass Leben mehr ist als das Streben nach Macht. Dass Dynamik, Ambition und Leistung sich nicht beißen müssen mit einer entspannten Grundeinstellung. Denn Berlin ist eigentlich gar keine Stadt. Berlin ist eine Lebenseinstellung.

#'03

SCHNAUZE!

WARUM BERLINER EXTREM FREUNDLICH SIND, ES ABER KEINER BEMERKT

Der Naturforscher und Schriftsteller Georg Forster verbrachte im Winter des Jahres 1779 fünf Wochen in Berlin. Sein Fazit: „Berlin ist gewiss eine der schönsten Städte in Europa. Aber die Einwohner!" Forster, aufgewachsen in Pommern und London, bekannt durch seine Reisen mit Captain Cook, hatte wirklich schon viel von der Welt gesehen. Und nun das! Die Berliner und insbesondere die Berlinerinnen fand er so ungemein „frech" und „allgemein verderbt", dass er sich richtig in Rage schrieb. Schließlich titulierte er sie sogar als „verdorbene Brut". Wie hochmodern derartige Klagen sind, zeigt unsere „Like Berlin"-Aktion. „Unfreundlichkeit" war die häufigste Kritik an unserer Stadt. Woran man erkenne, dass man Berliner sei? „If being rude is the new polite." Zum Berliner Ton, so meinten einige, gehöre in der Stadt unbedingt der Begriff „hamwanich". Die drei Grundwerte? „Fresse, Schnauze, halt's Maul".

Mutmaßlich stammt letztere Bemerkung von einem Zugezogenen mit Integrationsproblem. Denn tatsächlich erweisen sich für empfindlichere Gemüter die Umgangsformen der Berliner als Herausforderung. Der Sinn des Begriffs „Berliner Schnauze" erschließt sich für viele Zugezogene erst nach einiger Zeit. Das oberste Berlinisierungs-Gebot lautet deshalb: Erkenne den Witz! Denn vieles von dem, was ruppig klingt, ist

a) nicht böse gemeint
b) eine lockere Art, Nein zu sagen, oder
c) eigentlich ziemlich lustig.

Beispiele aus dem Service-Alltag gefällig? Besuch im Copyshop, wir wollen Blätterwirrwarr zu einem Reader binden lassen. „Welche Farbe soll denn der Einband haben?", fragte der Mann am Tresen. „Ach, egal", befanden wir. Darauf der Mitarbeiter:

„Und mir erst." Auch lustig: Mit einem Urberliner Fahrradhändler über ein neues Schloss geredet. Das alte fand bei ihm keine Gnade: „Also dit, was Sie da haben, da könnense auch ein Geschenkband dran machen."

Die Berliner selbst finden sich – völlig zu Recht – im Kern übrigens nett. „Rau, aber herzlich", „Härter gesagt als gemeint", „Wir tun doch nix" sind typische Selbstbeschreibungen. „Krasse Klappe" und „Charme" passen für sie ebenso zusammen wie „Freundlichkeit und Unhöflichkeit". Es gehört eben zum Sound der Stadt, wenn morgens der Busfahrer über Lautsprecher tönt: „Kommse mal von der dritten Tür weg – sonst stehn wa hier morjen noch!" Vielleicht hilft es Neuberlinern zu wissen, dass die Autochthonen (also die Eingeborenen) es eher unhöflich finden, wenn jemand morgens penetrant gut gelaunt ist. Vor allem an so öffentlichen Orten wie den Berliner Verkehrsbetrieben. Genau das versuchten zwei Überzeugungsberliner bei einer unserer Diskussionsrunden zum Thema Berlin in einem Marzahner Plattenbau zu erklären: „Also das würde mich mehr uffregen, wenn alle nur grinsend im Bus stehen würden", sagte der eine. Und der andere fügte hinzu: „Ick hab ja frühmorgens ooch 'nen Tunnelblick." Einer der „Like Berlin"-Befragten erzählte uns von Freunden aus Baden-Württemberg, die bei ihrem ersten Berlin-Besuch dem Bäcker fröhlich einen „wunderschönen guten Morgen" wünschten. „Wat soll denn an diesem Morjen schön sein?", grüßte der Berliner zurück. Willkommen in unserer Stadt!

Die Fähigkeit, der Unfreundlichkeit Sinn oder gar Witz zuschreiben zu können, ist eine elementare Voraussetzung, um in Berlin heimisch zu werden. Wie man am Beispiel einer Bremerin sieht, die schon gleich bei unserer Vorstellungsrunde verkündete, sie wolle Berlin möglichst bald wieder verlassen. „Dann jeh doch zurück", ruft ihr einer daraufhin zu – und erntet viel Gelächter von den anderen. Die Bremerin fand es nicht lustig.

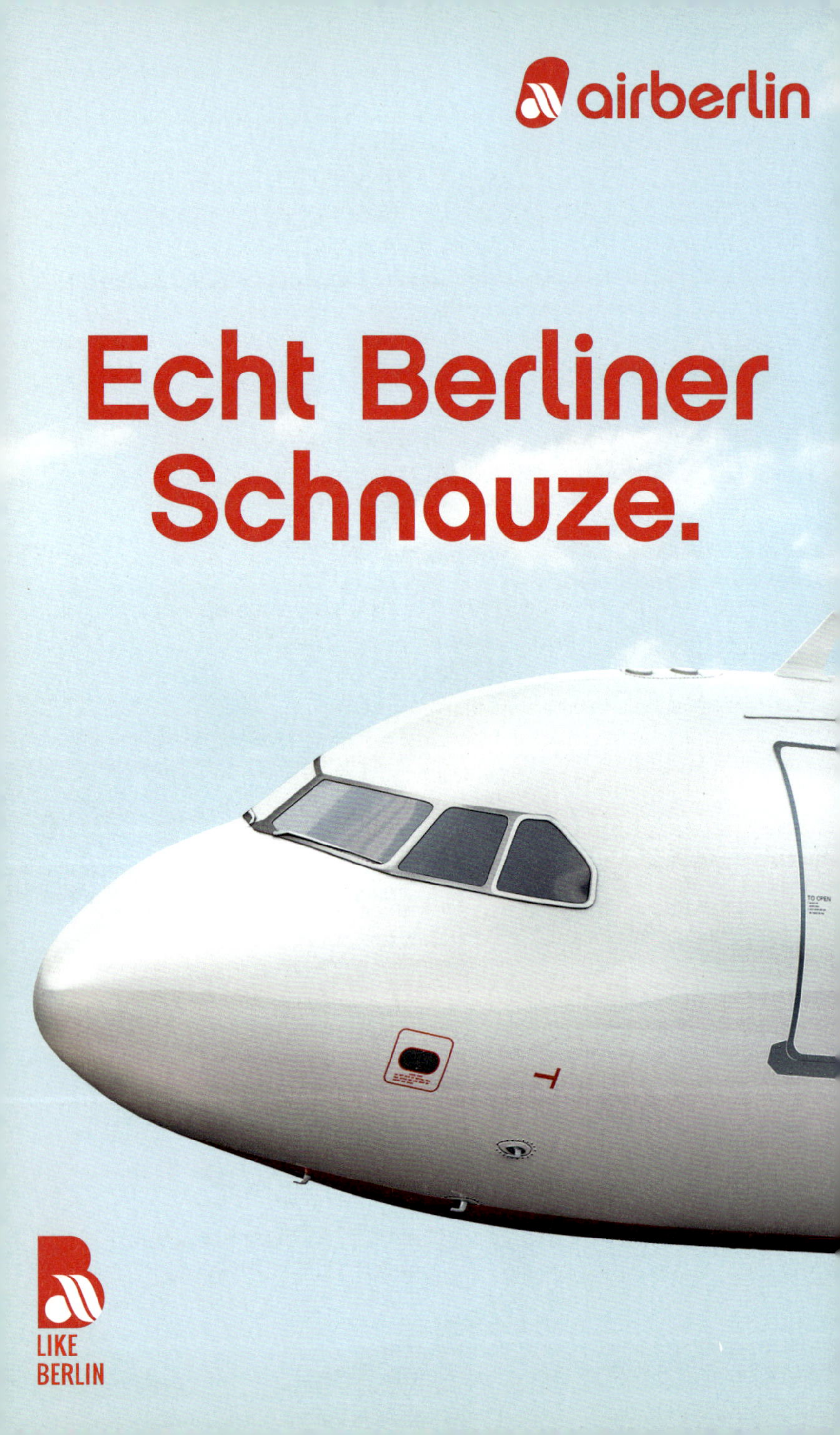

Echt Berliner Schnauze.

LIKE
BERLIN

Dabei ist Berliner Humor oft eine Einladung zum schlagfertigen Dialog. Zum Berliner Witz gehört es, bayerischen Touristen in einem Restaurant die englische Speisekarte in die Hand zu drücken. Mit der Bemerkung: „Für unsere ausländischen Gäste." Überliefert ist eine artverwandte Szene von einem BVG-Verkaufsstand, an dem ein Fahrgast sagte, er wolle zum Zoo. Die Gegenfrage des Ticketverkäufers: „Als was?" Berliner Schnauze heißt, möglichst schnell irgendetwas möglichst Absurdes abzufeuern. Und dabei, wie einer auf ein B-Plakat zur Frage nach dem guten Ton schrieb, eben „nicht zu sehr auf den guten Ton zu achten". Hauptsache, ein Treffer. Darum geht es in Berlin. Wer das versteht, ist angekommen.

Die Linguisten Norbert Dittmar und Doris Haedrich haben das Thema „Berliner Schnauze" unter anderem anhand einer ethnografischen Studie über eine Neuköllner Fußballmannschaft studiert. Die beiden kommen zu dem Ergebnis, die Berliner beherrschten tatsächlich meisterhaft die „Kunst der sprachlichen Organisation". Sie zeichneten sich – ganz stereotyp – durch vier Dinge aus: „geistige und sprachliche Beweglichkeit, Schnoddrigkeit und Freude an der Parodie", außerdem ein „kampflustiges Wesen". Anstelle der „üblichen Abschwächungen und Höflichkeitsrituale" zögen sie direkte „Fragen und Antworten mit dichtem Informationsgehalt" vor. Wie kommt es, dass Berlin so anders als andere deutsche Städte ist? Und dass die Berliner Schnauze sogar wissenschaftlich untersucht wird?

In Berlin geht es traditionell härter zu als anderswo. So wurde die raue Berliner Art wahrscheinlich zuallererst von Friedrich Wilhelm I. (1688–1740) als allgemein akzeptierte Umgangsform gesellschaftsfähig gemacht. Friedrich Wilhelm ist in die Geschichte eingegangen als „Soldatenkönig" und strenger Vater von Friedrich dem Großen. Er hielt gerne nach niederländischem Vorbild „Tabakskollegien" ab. Dazu lud der König acht bis zwölf

„IN BERLIN GEHT ES TRADITIONELL HÄRTER ZU ALS ANDERSWO"

ganz unterschiedliche Männer – Offiziere, Diplomaten, Literaten, Abenteurer – zum Rauchen, Saufen und derben Gespräch. Die Teilnehmer des Tabakskollegiums mussten sitzen bleiben, wenn der König eintrat, und dann möglichst frei von der Leber weg sprechen. Regelmäßig kam es zu Handgreiflichkeiten. An anderen europäischen Königshöfen wurden Eleganz der Rede und höfische Umgangsformen zelebriert. Der Berliner Hof kultivierte einen Eckkneipen-Stil.

Dass der Berliner im Laufe seiner Geschichte nicht nur ruppig, sondern zudem noch richtig witzig wurde, hat – und davon sind gleich mehrere Experten überzeugt – viel mit Friedrich II. und dessen Zeit zu tun. Die Germanistin Agathe Lasch, die später von den Nazis ermordet wurde, erforschte Anfang des 20. Jahrhunderts als Allererste systematisch die Eigentümlichkeiten und die Herkunft des Berlinischen. In ihrem heute noch unbedingt lesenswerten Grundlagenwerk „Berlinisch. Eine berlinische Sprachgeschichte" zeichnete sie nach, wie die Berliner allmählich in der Neuzeit vom Niederdeutschen zum Hochdeutschen wechselten – stark beeinflusst vom sächsischen Dialekt.

Berlinisch ist also Hochdeutsch plus Holländisch plus Sächsisch. Da muss man Humor entwickeln. Erst im letzten Drittel des 18. Jahrhunderts bemerkte man in Berlin, wie man sich plötzlich vom Rest der Welt unterschied. Unter anderem daran, dass der als Schriftsteller bekannte Lehrer Karl Philipp Moritz im Jahr 1781 in einer „Anweisung die gewöhnlichsten Fehler im Reden zu verbessern" etliche Ausdrücke als falsch markierte, die man heute als typisch Berlinisch kennt, etwa „Behn" statt Bein und „icke" statt ich. Agathe Lasch nennt das den Beginn des „Eigendaseins des Berlinischen".

Agathe Lasch wies in ihrem Werk immer wieder darauf hin, dass Sprachentwicklungen und gesellschaftliche Veränderungen zusammengehören. So können wir erkennen, dass die Entdeckung

WAS GEHÖRT
IN BERLIN
ZUM GUTEN
~~TON?~~

Dass es
keinen gibt!

des gewitzten, berlinernden Berliners Ende des 18. Jahrhunderts mit einem neuen, im Wortsinne Selbst-Bewusstsein der Bürger einhergeht, das sich aus verschiedenen Quellen speist. Friedrich II., der von 1740 bis 1786 Preußen führte, verschaffte Berlinern ganz neue Möglichkeiten, ihre Stadt und sich selbst wahrzunehmen. Er ließ nicht nur prächtige, öffentlich zugängliche Gebäude wie die Oper und die Königliche Bibliothek Unter den Linden bauen. Wegen seiner erfolgreichen Feldzüge befeuerte er zudem in den Berlinern einen neuen Patriotismus.

So wie damals das Vaterland Thema wurde, entsponnen sich viele Debatten rund um die Stadt. Im wohl ersten Berlin-Reiseführer, Friedrich Nicolais „Beschreibung von Berlin und Potsdam", und in Zeitschriften wie dem „Berliner Zuschauer" oder „Beobachter" ging es um die Heimatstadt und ihre Bewohner. Sitten und Gebräuche wurden ebenso vorgestellt wie Vergnügungen und Volksfeste. Seit Mitte des 18. Jahrhunderts war der Begriff „die Berliner" in der Öffentlichkeit zum festen Begriff geworden, und „die Berliner witzigen Köpfe" standen für eine bestimmte Variante der Aufklärung.

Die Sprachentwicklung birgt wiederum Indizien dafür, dass mit der Aufklärung Humor eine neue Bedeutung bekam. Ausgelassene Fröhlichkeit war jahrhundertelang von der Kirche geächtet worden. Das Wort Witz, das dem gleichen Wortstamm wie „Wissen" entspringt, wird erst seit dem 17. Jahrhundert im Sinne von „Esprit, Gabe des geistreichen Formulierens" verwendet. Seit dem 18. Jahrhundert besitzt der Ausdruck zudem die Bedeutung „Spott, Scherz". Auch das Wort „humoristisch" wird erst seitdem im heutigen Sinne verwendet. Die Berliner waren schon vorher etwas härter drauf als andere. Mit der Aufklärung wurden sie auch noch lustig.

In Berlin wurden nicht nur die Intellektuellen plötzlich als „witzige Berliner" wahrgenommen. In Zeitschriften, die sich intensiv mit der Stadt beschäftigten, fanden sich Ende des 18. Jahrhunderts bereits etliche Zeichnungen und Schilderungen sogenannter Berliner Originale, die sich zum eigenen Genre entwickelten. Bekannt wurde zum Beispiel Madame Dutitre, die schlagfertige Frau eines reichen Seidenhändlers. Sie lebte von 1748 bis 1827, und nach ihrem Tod wurden ihr zahlreiche Sprüche und Anekdoten zugeschrieben. So soll sie mit ihrer Gesellschaftsdame „Unter den Linden" spazieren gegangen sein und dieser mit lauter Stimme erzählt haben, wo sie überall schon Besuche gemacht habe:

„Denken Se sich, Liebeken, von de B. bin ick zu de D. jeloofen und von de D. bin ick zu de M. jeloofen, und denn bin ick wieder zu de F. jeloofen und von de F. bin ick zu de K. jeloofen, und wie ick so jeloofen bin-"
„Aber Madame Dutitre", flüsterte die Begleiterin, „on dit: gegangen, gegangen, nicht jeloofen."
Aber da legte die alte Dame los:
„Wat, gegangen, gegangen? Mamsellken, ick bin jeloofen, jeloofen, und ick habe den reichen Dutitre jekriegt – und Sie sind gegangen und gegangen und haben noch keenen nich jekriegt. Also ist jeloofen besser wie gegangen, merken Sie sich dit."

Madame Dutitre ist typisch für die Originale ihrer Zeit. Sie zeichneten sich durch unstandesgemäße Derbheit sowie Direktheit aus – und einen ganz besonderen Humor. Die Entdeckung des Berliners als Phänomen ging somit mit der Feststellung seines eigentümlichen

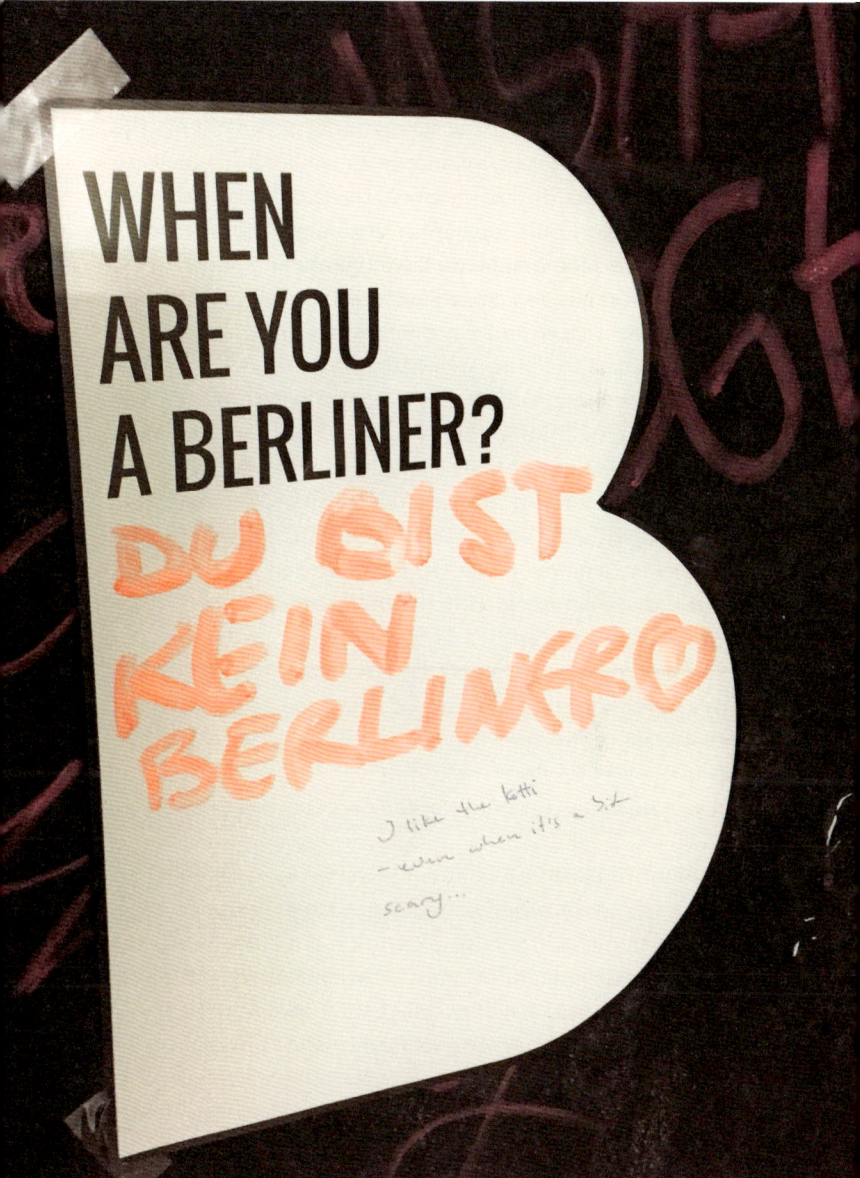

Habitus einher. Wie dieser aussieht, demonstrierte insbesondere der Lokalpatriot Franz Lederer. Er lieferte in den 1920er-Jahren eine überaus erfolgreiche Bestandsaufnahme von „Sprache, Wesen und Humor des Berliners". Darin findet sich nicht nur die eben zitierte Geschichte von Madame Dutitre, sondern auch die These, Friedrich II. sei das allererste Berliner Original gewesen. Über den beliebten König kursierten unzählige Anekdoten. Sie ähneln jenen über Madame Dutitre, weil sie davon handeln, dass da ein Mensch einen Ton anschlägt, der für seine vornehme Herkunft ungewöhnlich direkt und informell klingt.

Lederer gab zum Beispiel die kurze Geschichte zum Besten, wie Friedrich der Große mitten im Frieden einem Offizier einen Orden schenken wollte. Der habe sich zunächst geziert: „Majestät, einen Orden kann ich nur auf dem Schlachtfelde annehmen." Darauf der König: „Ach was. Nehm er ihn nur immer. Seinetwegen kann ich keinen neuen Krieg anfangen." Lederer war überzeugt: „So beginnt eigentlich mit Friedrich dem Großen der Berliner Humor öffentlich in Erscheinung zu treten." Der Publizist und Lokalpatriot Adolf Glaßbrenner (1810–1876), der selbst mit seinem humoristischen Schaffen später den Berliner Ton prägen sollte, kommt zu dem Schluss: „Der Witz und der Sarkasmus der Berliner entspringt aus einer großen Quelle preußischen Ruhmes: aus dem Kopfe Friedrichs des Großen."

Glaßbrenners These ist vielleicht ein bisschen steil, aber klar ist: Der Berliner Humor ist schon so alt, dass auch er dringend unter Denkmalschutz gestellt gehört. Eigentlich ein Fehler, dass die BVG die Fahrgäste mit „bitte" zum „Zurückbleiben" am Bahnsteig auffordert. Auch Politiker, die in Berlin erfolgreich sein wollen, sollten sich weniger auf medienkorrekte Formulierungen konzentrieren. Stattdessen sollten sie den Berlinern zeigen, dass sie zu der Stadt und nicht zur Kamera sprechen. Dazu gehört der Mut, direkt zu sein und damit manchmal anzuecken. So wie der ehemalige Regierende Klaus Wowereit, der viel Wert darauf

WAS GEHÖRT
IN BERLIN
ZUM GUTEN
TON?

Die
„Berliner
Schnauze"

legte, sich den Humor zu bewahren. Als Berlin vor ein paar Jahren mal einschneite, forderten einige den Einsatz des Technischen Hilfswerks. Darauf Wowereit: „Wir sind hier nicht in Haiti, sondern in Berlin." Das gab Ärger. Aber für einen Witz nimmt der Berliner Stress in Kauf.

Letztendlich ist es genau das Ungeheuchelte, nach dem viele Menschen Heimweh haben, wenn sie Berlin mal verlassen. Wie der Kabarettist Karsten Kaie, der zwei Jahre in New York lebte und nun mit viel Lokalpatriotismus das Programm „How To Become A Berliner in One Hour?" aufführt. Lange hatte er sich gefragt, was ihm in der tollen amerikanischen Metropole mit dem fantastischen Service fehlte. „In New York bekommst du ja ein neues Fünf-Gänge-Menü serviert, wenn du dich da über ein falsch liegendes Salatblatt beschwerst", erzählt er. Dann weilte er auf ein Gastspiel in Berlin und bestellte ein Frühstück. „Das kam nach 45 Minuten, mit einer seltsam gewellten Käsescheibe. Und was sagte die Bedienung, als ich sie darauf hinwies? ‚Die ist von Herzen gewellt.'" Da wusste Kaie, was er vermisst hatte. „Berlin ist sehr wahrhaftig und noch nicht so anbiedernd wie andere Städte." Und nichts für Weicheier. Wer in Berlin Semmeln oder Wecken bestellt, erntet verbale Prügel. Und er wird sich auch in hundert Jahren noch anhören müssen, dass das in Berlin Schrippen heißt. 2012 ermahnte der SPD-Politiker Wolfgang Thierse, damals immerhin Vizepräsident des deutschen Bundestages, die schwäbischen Zuwanderer höchstpersönlich, derartige Berliner Traditionen zu akzeptieren und ihren „Zwetschgendatschi" für sich zu behalten.

Egal. Einfach nicht einschüchtern lassen. Lieber schnell über einen guten Konter nachdenken. Oder den laut eines Lokalsenders besten Witz der Welt erzählen, der beweist, dass Berliner Humor auch nicht immer irre originell ist. Also: Ein Mann geht zum Bäcker: „Ich hätte gern 99 Schrippen." Die Verkäuferin fragt, warum er nicht gleich 100 kaufe. „Wer soll die denn alle essen?"

#'04

ZÖGERE NICHT, IMPROVISIERE

B

WESHALB BERLINER IMMER VIEL ANFANGEN UND NICHT IMMER ALLES FERTIGBEKOMMEN

Fragt man Berliner, was ihre Stadt vom Rest der Welt unterscheidet, kommen sie schnell ins Geschichtenerzählen. Geschichten, die davon handeln, wie man in Berlin mit Intelligenz, Flexibilität und Mut schier Unmögliches möglich macht. Da berichten ältere Damen, wie sie zu Mauerzeiten als Schwangere getarnt Zeitungen in einem falschen Bauch von West nach Ost schmuggelten. Kunstinteressierte schwärmen davon, was Galeristen hier alles schon in Galerien verwandelten – darunter ein Krematorium, eine Betonkirche sowie eine Druckerei. Und junge Leute erzählen, wie sie selbst aus Sperrmüll Möbel bauen und diese nun als Designerstücke verkaufen.

Die Moral dieser Geschichten: Zögere nicht, improvisiere. Lass dich niemals bremsen. Dieses Berliner Gebot findet sich auch in unterschiedlichsten Varianten auf den B-Plakaten wieder. Unter anderem als Antwort auf die Frage, was ein Berliner auf keinen Fall tun dürfe: „Nichts tun." Eine andere Antwort: „Stehen bleiben." Man könnte sagen: Typisch deutsch ist, dass man erst einmal in Ruhe plant, bis alles perfekt ist, um dann zu beginnen. Typisch Berlin dagegen ist, erst einmal zu beginnen und dann auf dem Weg zu planen.

Auch wenn das für Menschen, die Berlin als Hartz-IV-Metropole und Partytown abgespeichert haben, seltsam klingen mag: Berlin war und ist eine Unternehmerstadt, eine Stadt der Ambitionen. Früher waren es Legenden wie Werner von Siemens, August Borsig oder Walter Rathenau, heute sind es Namen wie Alexander Ljung (Soundcloud), die Samwer-Brüder (Zalando) oder Niklas Östberg (Lieferheld). In Berlin werden gerade mehr Firmen gegründet als irgendwo sonst in Deutschland, ungefähr 40.000 jedes Jahr.

Betreten der Baustelle verboten

AB WANN BIST DU BERLINER?

Wenn du Currywurst ohne Darm bestellst

SOBALD DAS ERKENNEN VON DEFIZITEN ALS KREATIVE CHANCE ERKANNT WIRD

Wenn du damit dich abfindest, dass keine Baustelle nur ein paar Tage da ist

Wenn deine Eltern auch schon hier geboren sind XXX

60

Fast jeder in der Stadt hat ein Projekt. Auch ohne zu wissen, wohin das alles führt. Wenn es eine Ureigenschaft Berlins gibt, dann die, dass die Stadt verrückte Ideen hervorbringt, die zügig in ein Geschäft umgesetzt werden. Nicht ohne Grund fühlen sich junge Unternehmer aus der ganzen Welt in Berlin so schnell zu Hause: Der Deutsche Startup Monitor, ein Zusammenschluss von Gründern und Start-up-Mitarbeitern, schreibt dazu: „Berlin ist weiterhin das größte Entrepreneurship-Ökosystem in Deutschland."

Neue Unternehmungen, die sich ja immer im Zustand des Provisorischen befinden, fühlen sich wohl im Berliner Klima. Bestimmt auch deshalb, weil die Spreemetropole selbst ein Dauer-Provisorium ist, eines, das manchmal nervt, aber immer spannend bleibt. Und das gerade durch seine Wandlungsfähigkeit momentan einen neuen Wirtschaftsboom erlebt und Zuwanderer aus der ganzen Welt anzieht.

All diese Neuberliner machen schnell die Erfahrung: Wer immer alles bis zu Ende diskutieren und planen möchte, ist hier falsch. Wer Berliner sein will, sollte damit klarkommen, dass vieles einfach unfertig ist, nicht mal fertig geplant. Jemand schrieb auf eines der B-Plakate zur Frage, ab wann man Berliner sei: „Wenn du dich damit abfindest, dass keine Baustelle nur ein paar Tage da ist."

Wer sich mit der Seele Berlins vereinen will, muss das Fließende, das Provisorische lieben lernen. Und immer wieder von vorne anfangen, allein deshalb, weil die Stadt sich so rasant wandelt. Klingt anstrengend, irgendwie nach Chaos? Du willst lieber verlässliche Strukturen? Feste Regeln? Endgültigkeiten? Dann geh nach Zürich. Oder nach Königs Wusterhausen. Dort, in dem Städtchen bei Berlin, weigerte sich ein Mitarbeiter des kleinen Bauordnungsamts des Landkreises Dahme-Spreewald, die größte Berliner Improvisation seit dem Zweiten Weltkrieg zu genehmigen: die Entrauchungsanlage des geplanten Flughafens in

Berlin-Schönefeld. Dabei hatten sich die Planer Anfang des Jahres 2012 eine irgendwie typische Berliner Lösung ausgedacht, als klar wurde, dass die per se unorthodox konstruierte Anlage definitiv nicht bis zur Eröffnung funktionieren würde. Im Falle eines Brandes drohte Tausenden Menschen der Tod durch jämmerliches Ersticken. Statt der nicht funktionierenden automatischen Brandmeldezentrale sollten deshalb ganz viele Mitarbeiter überall auf dem Flughafengelände verteilt werden. Sie sollten quasi als lebende Brandmelder im Krisenfall Alarm auslösen, Türen schließen oder Sprinkler bedienen. Diese Improvisationskunst wurde der Öffentlichkeit als „Interims-Mensch-Maschine-Kopplung" vorgestellt, als richtig pfiffige Lösung, vorübergehend.

Nein, wir wollen hier nicht so eine Fahrlässigkeit verteidigen und schon gar nicht die Milliardenverschwendung beschönigen. Völlig zu Recht hat das „Monster", wie die Entrauchungsanlage inzwischen heißt, Klaus Wowereit zum Rückzug bewogen, erst aus dem Flughafen-Aufsichtsrat, dann ganz aus der Politik. Dringend müssen die Berliner ihre Improvisationskunst nutzen, um so ein Großprojektdesaster künftig zu vermeiden. Aber es gehört nun mal zur DNA dieser Stadt, Dinge, die man vorhat, einfach anzufangen und sich nicht durch irgendwelche Probleme davon abhalten zu lassen. In Berlin muss man Unternehmergeist besitzen. Und hochflexibel sein. Insofern hat Wowereit wie ein typischer Berliner gehandelt: viel Elan und wenig Plan.

Dieses Prinzip sieht man übrigens sehr schön in Berlins kreativem Hausnummernsystem, das regelmäßig Neuberliner und Touristen verwirrt. Lange wurde nach dem Hufeisenprinzip nummeriert, bis die Verwaltung 1929 auf Zickzack umstellte, ohne das alte System anzupassen. So sieht man immer wieder Menschen völlig orientierungslos vor der Friedrichstraße 1 am Mehringplatz stehen, weil die gegenüberliegende Hausnummer nicht die 2, sondern die 246 ist.

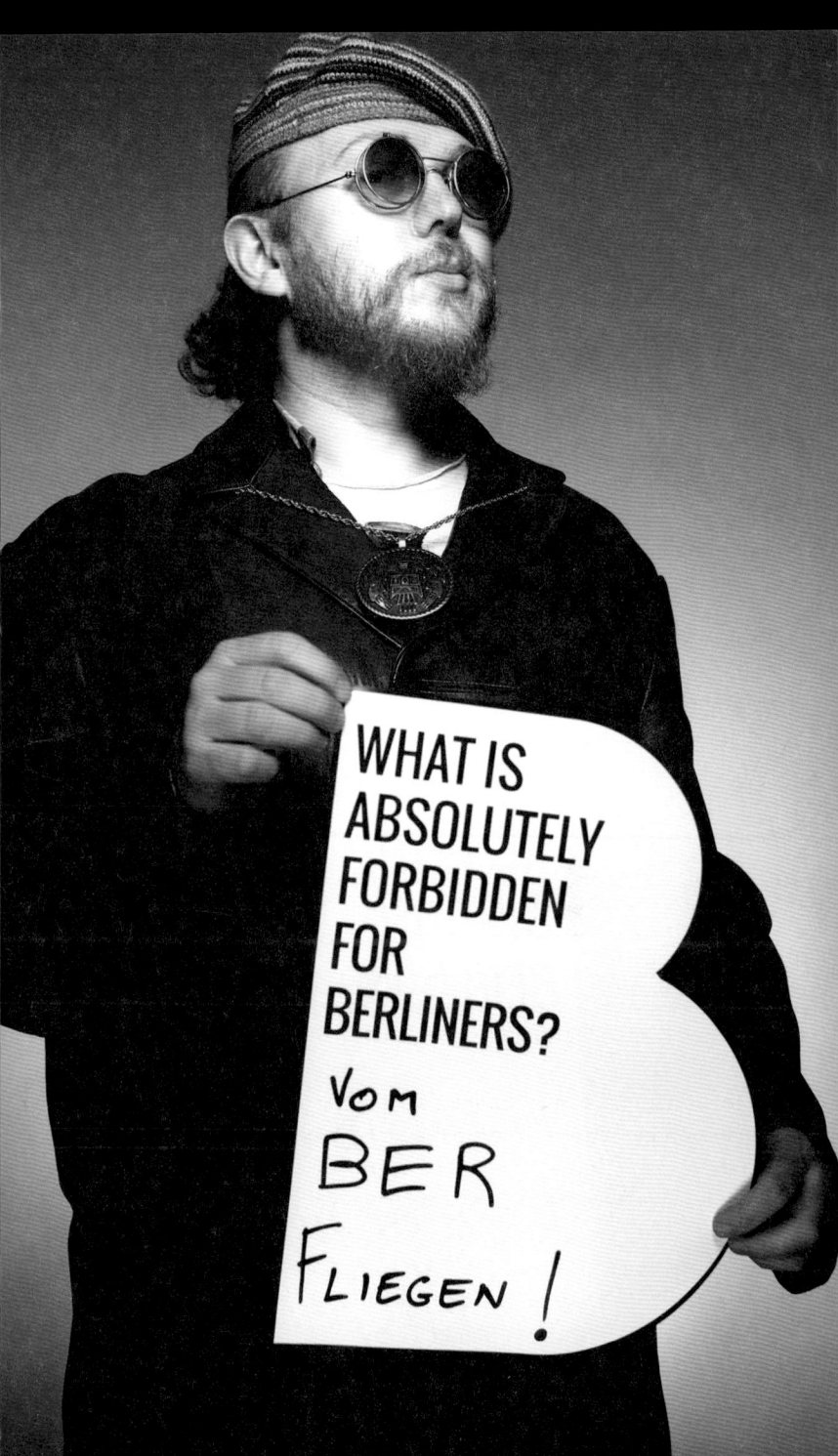

WHAT IS
ABSOLUTELY
FORBIDDEN
FOR
BERLINERS?

Vom
BER
Fliegen!

AB WANN
BIST DU
BERLINER?

WENN DU ES

EINFACH

MACHST!

Das wohl berühmteste und am häufigsten bemühte Zitat zu Berlin lautet, die Stadt sei dazu verdammt, „immerfort zu werden und niemals zu sein". Es stammt vom Kunsthistoriker Karl Scheffler. 1869 in Hamburg geboren, siedelte er in den 1890ern nach Berlin um. Im Jahr 1910, also nach fast zwanzig Jahren in Berlin, veröffentlichte er eine fulminante Abrechnung mit der Stadt unter dem Titel „Berlin. Ein Stadtschicksal". Darin kommt er zum Schluss, Berlin sei eigentlich eine „Kolonialstadt", die junge, rücksichtslose Menschen anlocke. Deren Credo: „sich nicht verblüffen lassen".

So hochaktuell liest sich Schefflers Werk, dass der Zeitgeist-Einfänger Florian Illies („Generation Golf") es im Jahr 2015 noch mal herausgab. Im Vorwort schrieb Illies zu Scheffler: „Früher kamen sie mit Kutschen, dann mit dem Interzonenzug, heute mit EasyJet – die Verheißung bleibt dieselbe. Und sie ist der geheime Motor dieser besinnungslos voranhastenden Stadt." Nur in Berlin würden Fragen wie „Wohnst du noch immer dort?" oder „Arbeitest du immer noch dort?" mit Geringschätzung gestellt. „Der Status quo ist hier immer fragwürdig und nur dazu da, überwunden zu werden", schreibt Illies. Berlin, so die These, hat schon immer die Unruhigen angezogen, die dort, woher sie kamen, ihre Ideen nicht umsetzen durften oder konnten. Und die in Berlin endlich ihre Träume realisieren wollten, egal wie. Fremd ist in Berlin nur, wer keine Träume hat.

Auf jeden Fall gilt hier die Regel: Je improvisierter etwas ist, desto mehr wird es in Berlin geliebt. Weil man im Improvisierten den Geist des Neuen spürt. Deswegen bemühen sich auch alle, möglichst so zu tun, als ob alles hier auf spontanen Einfällen basierte. Der „Klunkerkranich" auf dem Dach des Parkhauses eines Neuköllner Einkaufszentrums zum Beispiel sieht aus, als ob Pippi Langstrumpf ihr eigenes Dorf gebaut hätte. Auf der Webseite lockt man mit dem Versprechen: „Genieß die panoramigste Aussicht Berlins, illustres Programm & leckere Drinks."

BERLINER HOCHKULTUR

BERLIN wächst,
BERLIN wächst zusammen,
BERLIN ändert sich rasant!
Nirgendwo sonst kann man diese
Entwicklungen besser ENTDECKEN,
als von ganz oben, vom:

**BERLINER
FERNSEHTURM**

WOHER
WEISST DU,
DASS DU
BERLINER
BIST?

Wenn die Teilung für dich Geschichte ist!

BERLINER
FERNSEHTURM

Hakt man bei einem der Betreiber nach, was genau das Konzept des Klunkerkranichs sei, erfährt man: „Immer wenn wieder etwas Geld da ist, bauen wir wieder etwas weiter." Fast wie beim Flughafen. Einfach machen. Oder rund um den Rosenthaler Platz: An diesem Epizentrum der neuen Berlin-Pioniere aus aller Welt sehen sowohl die Restaurants und Bars als auch die Büros und Geschäfte so aus, als ob man aufgrund einer extrem ungeplanten Eröffnung spontan das Wohnzimmer der Oma und den Keller einer alten Fabrik geplündert hätte. Selbst neue Dinge müssen irgendwie gebraucht aussehen. In Berlin ist nicht derjenige beliebt, der ein perfektes Leben vorweisen kann, sondern derjenige, der den Eindruck besonders guter Improvisationskünste erweckt.

Dazu passt die Berliner Politik. Das hiesige Konzept des „improvisierten Regierens" kann man sehr schön an der Straße des 17. Juni sehen: Für die Nutzung der Magistrale als Eventlocation gab es nie eine strategische Planung. Aber seit der Loveparade, die zwischen 1996 und 2006 jährlich auf der großen Ost-West-Achse stattfand, entdeckte Berlin seine Liebe zum Open Air Space im Zentrum der Stadt. Inzwischen ist die Straße jedes Jahr rund 120 Tage für alle Arten von Großveranstaltungen gesperrt: Silvester-Party, Fashion Week, Fanmeile, CSD, Marathon, Demos und so weiter. Auf einer der größten Verkehrsachsen der Hauptstadt Deutschlands darf es ein Drittel des Jahres keinen Verkehr geben. Die Millionen von Berliner Autofahrern, die von Ost nach West oder umgekehrt fahren müssen, quälen sich irgendwie durch Seitenstraßen. Und zwar ohne dass es je Proteste in nennenswertem Ausmaß gab. Im Gegenteil: Die Berliner feiern eifrig auf dem 17. Juni mit.

Berlin ist eine Pop-up-Stadt, die stolz auf ihre Lösungskompetenz ist. Und die deshalb auch keine Angst vor Problemen hat. Die Gelassenheit Berlins und der Berliner, von der Menschen aus New York oder London schwärmen, entspringt zu einem großen

Teil aus dem Wissen, dass zwar nicht alles perfekt, aber auch nichts wirklich ein Problem ist. Dass man schon irgendwie eine Lösung finden wird. Und wenn es eine Zwischenlösung ist, die für immer hält. Oder treffender formuliert: eine „Zwischennutzung". Berlin hat diesen Begriff salonfähig gemacht. Ihre Wurzeln hat die Berliner Zwischennutzungskultur in der Wendezeit. Kurz nach dem Zusammenbruch der DDR waren Polizei und Verwaltung im Ostteil der Stadt nicht wirklich motiviert, die West-Berliner Behörden wiederum massiv überfordert. Und die Stadt bot Platz in Hülle und Fülle, um sie in einen großen Abenteuerspielplatz der Clubkultur zu verwandeln.

Berlin hatte zu Höchstzeiten in den 1940ern knapp 4,5 Millionen Einwohner, Anfang der 90er lebten eine Million Menschen weniger hier. Viele Wohn- und Industriegebäude standen leer. Also okkupierte jeder, der einen Raum für sein Projekt, Club, Bar, Café oder Atelier brauchte, eine leere Fabrik, ein altes Bürogebäude oder einen Keller. So entstanden Legenden wie der Tresor (im alten Tresorkeller des Kaufhauses Wertheim), das WMF (im Keller des im Krieg zerstörten Sitzes der gleichnamigen Besteckfirma), das E-Werk oder auch der Eimer (ein völlig verrotteter Club in einem ebenso verrotteten Haus in der Rosenthaler Straße).

Immobilienbesitzer begannen, sich an die neuen Mieter zu gewöhnen. Irgendwann wurde es für sie ganz normal, eine Zwischenlösung zu tolerieren, bis „echte" Mieter vorbeischauen. Lieber eine geringe als gar keine Miete. Der größte Zwischennutzungsvermieter in Berlin war das Land Berlin selbst, das über mehr leer stehende Flächen als jeder andere verfügte. So wurde die Clubkultur, auf der die aktuelle Reputation Berlins als Weltstadt basiert, auf Zwischenmietverträgen aufgebaut: die Bar 25, Kater Holzig, RAW Gelände, Ostgut/Berghain, Cookies. Die wilde Clubszene zog zahllose Kreative aus der ganzen Welt an, die ihre Ateliers, Galerien, Proberäume, Studios, Lebenstraumräume in Berlin improvisierten. Wer heute diese Berliner Tradition noch in vivo erleben möchte, kann den Prozess in Neukölln beobachten, das sich von einem arabisch-türkischen Hartz-IV-Ghetto immer mehr zu einem Hipster-Bezirk entwickelt (und bei der Gelegenheit unbedingt im oben erwähnten Klunkerkranich vorbeischauen! Oder siehe wenigstens Gebot 8: Erforsche Kiezistan).

Es entstand sogar zu Beginn der Jahrtausendwende ein EU-Forschungsprojekt zu den Strategien temporärer Nutzungen auf Brachflächen. Daraus ist wiederum die interdisziplinäre Plattform Urban Catalyst (UC) geworden, die Planer und Architekten zu einer neuen Form des Denkens inspirieren möchte. Einer der Berliner Köpfe dieses Projekts, Klaus Overmeyer, meint, dass Zwischennutzungen „Keimzellen einer nutzergetragenen Stadtentwicklung sind, die unsere Kultur der Stadtentwicklungen grundlegend ändern wird". Berliner Improvisationstalent als Lösungsmodell für Großstädte. Einige Bauträger planen heute die Möglichkeiten für Kreativität gleich mit ein. Also Flächen, aus denen mal irgendwann irgendetwas werden könnte. So sieht Bauen der Zukunft aus, inspiriert von Berlin: mit eingebautem Impropuffer.

Auf die vielen jungen Zwischennutzer Berlins folgten schließlich junge Menschen aus der ganzen Welt, die mit ihrem Laptop allerlei Firmen gründeten. Und diese neue Berliner Start-up-Szene löste einen Wirtschaftsboom aus, der im Moment die gesamte Stadt nachhaltig verändert und Berlin zur digitalen Metropole macht. Selbst offizielle Stellen erkennen inzwischen an, dass es nicht die Berliner Wirtschaftsförderungs-Strategien waren, die den digitalen Berlin-Boom ausgelöst haben, sondern die Berliner Off-Kultur. Eine Studie der Investitionsbank Berlin (IBB) stellt fest: „Der Berliner Gründungsboom ist somit weniger auf außergewöhnlich günstige Rahmenbedingungen wie das Vorhandensein einer breiten industriellen Basis bzw. die Anwesenheit großer Unternehmenszentralen als vielmehr auf soziale und kulturelle Faktoren zurückzuführen." Kurz: Das

WAS DÜRFEN
BERLINER
NIEMALS
TUN?

NICHTS!

improvisierte Berlin, die Kellerbars, die Pop-up-Stores, das Open-Air-Karaoke, die Wohnzimmer-Galerien und Kunstaktionen wie einst die Schlauchboottouren im gefluteten Palast der Republik sind der Grund, weshalb Berlins Wirtschaft gerade so boomt. Allein 2015 sollen um die zwei Milliarden Euro Wagniskapital in die Stadt geflossen sein. Laut IBB hat der IT-Sektor der Hauptstadt in den vergangenen acht Jahren rund 30.000 neue Jobs hervorgebracht. McKinsey sieht bis 2020 schon 100.000 weitere Berliner Arbeitsplätze durch Start-ups entstehen. Vom „Berlin Valley" ist die Rede und vom „Silicon Berlin".

Der „Stern" widmete im Juli 2016 der „heißesten Start-up-Szene Europas" einige enthusiastische Seiten. In dem Text heißt es: „Überall gibt es ‚Inkubatoren', Brutkästen für gerade gegründete Firmen, oder Akzeleratoren, Beschleuniger. Es klingt, als wäre die ganze Stadt ein Mastbetrieb für die großen und kleinen Zalandos oder Googles der Zukunft." Ein Fazit des Artikels: Der Boom hat sich nicht wegen, sondern trotz der Politik entwickelt. So dilettantisch die Berliner Politik oft agiert, inzwischen gibt es durchaus ein administratives Wissen um das Potenzial des Unfertigen. Spätestens seit der Berlin-Vermarkter Volker Hassemer Mitte der 1990er Baustellen zu „Schaustellen" erklärte und sich die Infobox am Potsdamer Platz zur Touristenattraktion entwickelte, ist klar, dass das Provisorium sich vermarkten lässt. Und so heißt es in der sechsseitigen Broschüre „Berlin Strategie 2.0" der Senatsverwaltung für Stadtentwicklung in einem Absätzchen, man werde künftig auch kostengünstige „Experimentierräume" bei der Standortentwicklung mit einplanen. Wie das aussieht, lässt sich etwa auf dem ehemaligen Gelände des Vergnügungsparks Spreepark beobachten, wo gerade ein „Kulturpark 3.0" (Arbeitstitel) entsteht. Man wolle „keine fertige Lösung" dafür abliefern, erklärte Stadtentwicklungssenator Andreas Geisel. Nach und nach soll ein „Interdisziplinäres Team" aus Künstlern, Kulturmanagern und Architekten ein paar Nutzungsideen entwickeln.

Aber ein bisschen ungeplantes Planen reicht natürlich längst nicht, um eine Szene zu schützen, die in einem ständigen Improvisationszustand lebt. Denn die wachsende Wirtschaft verleibt sich Jahr für Jahr Unmengen leer stehender Gewerbeflächen ein, treibt die Subkultur immer weiter an den Rand. Eine politische Minimum-Maßnahme wäre, für neue Projekte aus der Kreativwirtschaft einige Gesetze außer Kraft zu setzen. Wenn ein frisch gegründetes Musik-Unternehmen, eine Galerie oder ein Café in den ersten drei Jahren einige Bedingungen für Genehmigungen nicht erfüllt, sollte die Berliner Verwaltung ein Auge zudrücken. Berlin könnte die Weltstadt sein, in der improvisierte Ideen den Freiraum genießen, der sie schnell wachsen lässt. Anstatt Profi-Gründungen wie Zalando mit zweistelligen Millionenbeträgen zu fördern, sollte der Berliner Senat den semiprofessionellen Projekten aus der jungen Wirtschaft beim Improvisieren helfen. Denn damit würden sie eine echte Berliner Tradition ehren und nebenbei die Ökonomie Berlins ankurbeln. Und das alles, ganz ohne einen Flughafen eröffnet zu haben.

Dabei müssten die Berliner das eigentlich flott hinkriegen mit dem BER. Schließlich wurde auch der Flughafen Tegel nicht geplant, sondern improvisiert: Als die Sowjetunion 1948 mit der Blockade Berlins versuchte, die Stadt auszuhungern, brauchten die Alliierten für die Luftbrücke zusätzlich zum Flughafen Tempelhof Landekapazitäten. So wurde innerhalb von nur 90 Tagen der Flughafen Tegel geplant und geöffnet. Damals war die Start- und Landebahn sogar die längste Europas. Erst in den 1970ern erhielt der Flughafen ein richtiges Gebäude. Ebendort herrscht nun mehr Betrieb denn je. Gebaut für circa vier bis fünf Millionen Fluggäste, werden in „Tejel" heute 21 Millionen Passagiere durchgescheucht. Wie das funktioniert, weiß keiner. Oder wie der „Tagesspiegel" das ausdrückt: „In Tegel läuft nicht nur der Flugbetrieb an der Kapazitätsgrenze. Aber irgendwie läuft's eben."

„INNERHALB VON NUR 90 TAGEN WURDE DER FLUGHAFEN TEGEL GEPLANT UND GEÖFFNET"

In aller Hektik werden ständig irgendwelche Containerbauten dazugestellt, um den Kapazitätskollaps irgendwie abzuwenden. Die Tegeler Impro-Architektur wird von den Berlinern inzwischen liebevoll „Vereinigte Hüttenwerke" genannt. Aber anstatt sich darüber ordentlich aufzuregen und die verantwortlichen Politiker aus der Stadt zu jagen (zu Fuß, nicht per Flugzeug), freuen sich alle, dass der gemütlichste Großflughafen der Welt immer noch offen ist. In kurzem Zeitraum unterschrieben sogar 30.000 Berliner eine Petition der Berliner FDP zur langfristigen Offenhaltung von Tegel.

Mehr oder minder ernst gemeinte Ideen für eine Zwischennutzung der BER-Baustelle gibt's übrigens schon einige, unter anderem vom Kolumnisten der „Berliner Zeitung" Jochen-Martin Gutsch. Seine Idee: Die Monster-Entrauchungsanlage als Touristenattraktion vermarkten. So wie Loch Ness.

#05

LEBE RUND UM DIE UHR

WIESO BERLIN SICH IN EINER ANDEREN ZEITZONE
ALS DER REST DER WELT BEFINDET

Am 20. Juni 1949 sagte Heinz Zellermayer, der Besitzer des Hotels am Steinplatz, einen Satz, der die Geschichte Berlins verändern sollte: „Ab heute Nacht wird durchgefeiert in Berlin!" In dieser Nacht begann ein Party-Experiment, das weltweit Schule machen sollte. Heinz Zellermayer hatte eine Idee, wie man die durch den Krieg zerstörte Gastro-Wirtschaft wieder- beleben könnte: einfach die Sperrstunde abschaffen. Irgendwie überzeugte er den amerikanischen Stadtkommandanten, und seitdem ist Berlin die Stadt, in der es offiziell nur noch ein einzi- ges Sperrstündchen gibt, nämlich zwischen fünf und sechs Uhr morgens. De facto können aber alle trotz dieser offiziellen „Putzstunde" ungestört so lange trinken und tanzen, bis die Wolken wieder lila sind.

Das Ergebnis des Experiments lässt sich auf den B-Plakaten ablesen. Woran man erkennt, dass man in Berlin ist? „Bier ist billiger als Wasser." Was sind die Grundwerte Berlins? „1. Party hard. 2. Party hard. 3. Party hard." Was gehört in der Stadt zum guten Ton? „Sich beschweren, wenn das Café um die Ecke um 16 Uhr kein Frühstück mehr anbietet." Merke: Wer gerne das Leben feiert, sei es mit Tanzen, Essen oder Musik hören, tut sich in Berlin leichter mit der Integration. Denn ein wichtiges Gebot der Stadt ist: Amüsier dich! Und schau dabei nicht auf die Uhr. Lebe lieber rund um die Uhr. Wie gern sich der Berliner vergnügt, zeigt eine Bevölkerungs-Studie der Hertie-Stiftung. Die Forscher ordneten die Hauptstädter je nach Lebenseinstellung verschie- denen Milieus zu, von konservativ-etabliert bis zu prekär. Und im Vergleich zum Bundesschnitt waren vor allem die amüsier- willigen Milieus stärker vertreten.

Mit Abstand das größte Segment, nämlich 18 Prozent, fielen in das Raster der „Hedonisten". Sie zeichnen sich durch die

Überzeugung aus, „dass das Leben mehr zu bieten hat als nur Arbeit". Sie selbst sehen sich laut Studie als „frei, innerlich unabhängig, unkonventionell, unangepasst". Mit neun Prozent in der Hauptstadt vertreten ist das sogenannte „expeditive Milieu", das, so die Forscher, „äußere Zwänge, tradierte Rollen und Routinen" ablehnt und ein großes Interesse an Musik, Kunst und Kultur aufweist. Aber auch das liberal-intellektuelle Milieu ist mit immerhin noch acht Prozent stark vertreten und zeichnet sich durch eine „epikureische Grundhaltung" aus: Freude an Genuss und Kultur.

Kein Wunder, dass deshalb an jeder Ecke ständig irgendwas gefeiert wird, man zu jeder Tages- und Nachtstunde irgendwo essen, trinken, tanzen kann. Der „Späti", das heißt der Kiosk, der bis spät in die Nacht noch die Versorgung mit Alkohol, Zigaretten, „Blättchen" und anderen wichtigen Grundnahrungsmitteln übernimmt, ist eine Berliner Pilgerstätte. Mit erstaunlichem Servicebewusstsein. Kauft man dort Bier, fragt der Verkäufer prompt: „Gleich aufmachen?". So wird aus einem Bier das „Wegbier", auch „Fußpils" genannt. Echte Berliner sagen dazu gerne „Faustmolle".

Nein, in Berlin lässt man nichts anbrennen. Gäbe es einen Worldcup of Party Culture, gewönne Berlin definitiv oft Silber oder Gold – in allen Disziplinen. Nicht nur clubtechnisch ist die Stadt weit vorne, auch bei Großveranstaltungen aller Art, Sport inklusive. Seit 1985 ist der Schlachtruf „Berlin, Berlin, wir fahren nach Berlin" ein Synonym dafür geworden, es ins DFB-Pokalfinale zu schaffen und es in Berlin krachen zu lassen. Die Fanmeile auf dem 17. Juni – wir erwähnten sie schon – ist seit 2006 der Platz schlechthin, um Fußball zu zelebrieren. Klaus Wowereit, von einigen leicht abschätzig als „Regierender Partymeister" betitelt, war also, gerade weil er sich öfter mit Champagnerflasche in der Hand zeigte, der perfekte Oberhäuptling von Berlin.

Sogar essen kann man in Berlin inzwischen interessanter und zuweilen sogar besser als anderswo. Gourmets aus aller Welt reisen an, um sich hier durchzuprobieren. 14 Ein-Sterne-Lokale und sechs Zwei-Sterne-Restaurants kann die Stadt aufweisen inmitten einer Food-Szene, die Köche, Sommeliers und Lebensmittellieferanten feiert wie zu Loveparade-Zeiten den DJ. Alles Berlin-Style natürlich, möglichst improvisiert und Lo-Fi. Im Nobelhart & Schmutzig etwa, dem coolsten, wenn auch nicht leckersten Sterne-Restaurant der Stadt, isst man an der Bar „radikal regionale" Dinge wie Carpaccio von der alten Milchkuh, Seite an Seite mit hippen Bartträgern, die durch merkwürdige Körperverzierungen wie tätowierte Uhren Individualität demonstrieren.

Wer mit Berlinern über die Besonderheiten ihrer Stadt diskutiert, wird mit den unterschiedlichsten Menschen schnell auf das Thema Essen/Trinken/Ausgehen kommen. So war es zumindest bei allen unseren Diskussionsrunden. Da schwärmte ein Taxifahrer davon, dass du in Berlin „Tach und Nacht eenen saufen kannst", ein Hartz-IV-Empfänger beschrieb sich als „kleener Lebemensch", der gerne schwoofen geht, eine slowenische Studentin erklärte ihre Liebe mit dem Argument: „Einfach, dass man das Leben wirklich in Berlin genießen, weil ja, man kann sparen." Tatsächlich zeigt die Hertie-Berlin-Studie, dass die Berliner mit ausländischer Zuwanderungsgeschichte sogar noch mehr Wert darauf legen, „die guten Dinge des Lebens zu genießen" als der ohnehin schon genussfreudige Durchschnittsberliner.

In manchen Gesprächsrunden haben wir zwischendurch verschiedene Bild-Motive von Berlin ausgelegt mit der Bitte, ein besonders typisches zu wählen. Als außerordentlich beliebt erwies sich das Bild von Ravern an der Siegessäule. Dabei hat die Loveparade das letzte Mal 2006 in Berlin stattgefunden, also viele Jahre vor unserer Befragung. Aber ihre Symbolkraft für den ortstypischen Hedonismus bleibt. „Die Berliner feiern alle sehr

Netzwerk und Interessenvertretung für Clubs, Festivals, Veranstalter und Free Open Airs. Wir fördern und unterstützen durch passgenaue Beratung und Expertenvermittlung, branchenspezifische Weiterbildung und setzen uns ein für kreative Freiräume und für eine nachhaltige, lebendige Club- und Livemusik-Kulturlandschaft in Berlin.

WWW.CLUBCOMMISSION.DE

gerne. Multikulti, alle zusammen, ob Schwule, Lesben oder sonst was", begründete eine angehende Friseurin ihre Wahl. Eine ältere Dame sah das Bild als „Symbol dafür, dass in Berlin ständig was los ist". Und ein junger Schwuler wählte das Foto, „weil Berlin so 'ne Partystadt" sei.

Tatsächlich hat sich Berlin den Ruf als Stadt, in der sehr viel getrunken wird, schon lange, lange vor dem Fall der Sperrstunde im Jahr 1949 verdient. Der Humorist Adolf Glaßbrenner machte etwa ab den 1830ern in zahlreichen Heften eine dem Alkohol sehr zugeneigte Figur namens Nante zum Volkshelden. Glaßbrenner ließ den Tagelöhner Nante mit seiner Schnapsflasche Karline Szenen wie die folgende aufführen: *„Aach, des schmeckt! Des schmeckt als wenn eener Schnaps drinkt, un er schmeckt ihm. So, nun hab' ick jefrühstückt, nu wer' ick mir mal de Welt ansehen, ob noch allens in Ordnung is. (Er sieht sich um.) Himmel is da, is oben, de Erde is hier, un de Destillationsanstalt ist drüben: Welt, jetzt kannste wieder losziehen! Lebenslauf, ick erwarte dir."*

Bis Anfang des 20. Jahrhunderts hatte sich bei Nichtberlinern ein Bild vom Berliner festgesetzt, das dem von Nante ziemlich nah kam. Das legt ein Vorwort zum Buch „Der richtige Berliner in Wörtern und Redensarten" nah. Der Herausgeber Hans Meyer, ein überzeugter Berliner, verteidigt in der 1904 erschienenen fünften Ausgabe das eigentümliche Auftreten seiner Landsleute wie folgt: „Ein Nichtberliner kann aus diesem Buche leicht ein falsches Bild gewinnen: Die Ausdrücke für Trinken und Trunkenheit, für Schläge und Ohrfeigen, für Dummheit, Unsinn und Verrücktheit, für Betrügen und Stehlen u. Ä. sind so zahlreich, dass sie den Uneingeweihten leicht zu falschen Schlüssen über den Charakter des Berliners verleiten können." Die vielen Wörter für Trinken verweisen darauf, dass Berlin damals schon als Stadt bekannt war, in der sich gut und günstig feiern lässt. Anfang des 20. Jahrhunderts wurde ein Marsch zur Lokalhymne, der davon handelt: der Schlager „Berliner Luft". Darin heißt es:

„Berlin! Hör' ich den Namen bloß,
da muss vergnügt ich lachen!
Wie kann man da für wenig Moos
den dicken Wilhelm machen!
Warum lässt man auf märk'schem Sand
gern alle Puppen tanzen?
Warum ist dort das Heimatland
der echt Berliner Pflanzen?"

Insofern hat das zeitgenössische Liedgut über Berlin eine lange Tradition. Die Hymne „Dickes B" von Seeed liest sich wie eine moderne Fortsetzung von „Berliner Luft".

„Wir shaken, was wir haben, bis morgens 7 Uhr,
woanders gibt's 'ne Sperrstunde, bei uns die Müllabfuhr.
Dann bau'n wa 'n dickes Rohr, kommt dann schon mal vor,
und blasen dicken Smoke durchs Brandenburger Tor."

Spätestens seit den „Goldenen Zwanzigern" des vergangenen Jahrhunderts ist die Berliner Vergnügungsindustrie weltberühmt. Immer noch wird heute der Mythos dieser kurzen Blütezeit zwischen Erstem und Zweitem Weltkrieg beschworen. Gerade legte der Springer-Verlag die damals stilprägende Zeitschrift „Die Dame" wieder auf. In der Pressemitteilung dazu heißt es, das Magazin solle „das Berlin der Goldenen Zwanzigerjahre mit der urbanen Boheme von heute" vereinen. Die Legende lebt. Das berühmte Jahrzehnt begann allerdings erst mal mit einem schnöden und damals hochumstrittenen Verwaltungsakt. 1920 wurden die Einzelstädte auf dem heutigen Stadtgebiet zu „Groß-Berlin" zusammengefasst (mehr dazu in Gebot 8). Auf einmal war die deutsche Hauptstadt die drittgrößte Metropole

der Welt und das kulturelle Zentrum Mitteleuropas. Wer in Kunst, Musik, Film, Schauspiel, Literatur oder anderen kulturellen Bereichen etwas werden wollte, kam hierher, allen voran die russische Avantgarde, die vor Lenins Revolution in der Heimat floh. In Berlin versuchte die junge deutsche Demokratie, mit reichlich Alkohol und vielen Drogen die Wunden des Ersten Weltkriegs wegzufeiern. Durch den gerade verlorenen Krieg war das bisherige Wertesystem erschüttert: Das alte preußisch-kaiserlich-prüde Bürgertum hatte sich selbst entwürdigt, die Kirche in Berlin sowieso noch nie viel zu sagen gehabt. Das in weiten Teilen verarmte Volk war entfesselt, die Moral dem freien Markt überlassen. Eine Prise aus der Kokainbüchse war – so berichtete es damals der Berliner Arzt Ernst Noël – „kaum anders" als die Bestellung eines Glases Cognac.

Die Stadt war wie ein Rockstar, der auf dem schnellen Weg nach ganz oben komplett zügellos wird. Der vornehme Ku'damm war nach der Kriegsniederlage und der folgenden Wirtschaftskrise auf einmal voll mit Prostituierten (Dominas am Wittenbergplatz, Schulmädchen am Tauentzien), unzählige Tanzcafés, Revuetheater und Kabaretts luden zu neuartigen Vergnügungen. In den Haller-Revuen im Admiralspalast präsentierte man Gruppenbilder aus nackten Frauen, in der „Weißen Maus" in der Jägerstraße tanzte Anita Berber nach Mitternacht mit ihren sechs Teenager-Tänzerinnen nackt und urinierte im Stehen auf die Tische der Gäste. Im Kabarett-Café „Größenwahn" im heutigen Kranzler Eck machte die Inhaberin Rosa Valetti den Hosenanzug für Frauen salonfähig und ließ junge Schauspielerinnen wie Marlene Dietrich auftreten, die hier ihre Karriere starten konnten. Auch die Schwulen-, Lesben- und Trans-Szene konnte sich im moralbefreiten Nachkriegs-Berlin mit über 100 eigenen Locations weitgehend frei entfalten.

In diesen Kulturvulkan krachte die extremste Inflation der Weltgeschichte: 1923, am Höhepunkt der seit 1914 wachsenden

AB WANN
BIST DU
BERLINER?

Wenn Montag bis Freitag
oder
10⁰⁰ bis 20⁰⁰ egal ist.

B
LIKE
BERLIN
WAS SIND
BERLINS
DREI
GRUNDWERTE?
CHAOS
FREIHEIT
OFFEN
24h
#like.berlin
THE BOSSHOSS
www.like.berlin
.berlin
UMASAN
STRÖER
NOTES BERLIN
airberlin

Geldentwertung, war ein Dollar 4,2 Billionen Mark wert. Ein normaler amerikanischer Fabrikarbeiter konnte in Berlin feiern wie ein mehrfacher Millionär. In nur einer Generation war Berlin erst die mächtigste Hauptstadt des Kontinents geworden, dann die reichste, dann die aggressivste, dann die wildeste – und dann auf einmal die billigste Partystadt der Welt. Wenn man Devisen hatte. Eine Art Las Vegas, Ballermann und Bangkok in einem. Unzählige Touristen strömten in den Hexenkessel an der Spree auf der Suche nach Vergnügen und Ablenkung. In so einer Stimmungslage kümmert sich niemand mehr um Sperrstunden oder die Einhaltung von Sitten. Spätestens in dieser Zeit entwickelte Berlins DNA das Party-Gen, das seitdem Teil des Stadt-Charakters geblieben ist. Die offizielle Aufhebung der Polizeistunde im Jahre 1949 war eigentlich nur ein sehr überfälliger Schritt, eine Art nachträgliche Genehmigung der Exzesse, die der Rockstar Berlin sowieso schon ständig durchlebt hatte.

Inzwischen haben sehr viele Städte das Berliner Modell kopiert und die Sperrstunde gestrichen, so zum Beispiel London 2005. Selbst München hat eingesehen, dass es eine Partywelt jenseits des Biergartens gibt. Wer dort allerdings nachts Hunger bekommt, muss lange suchen, um satt zu werden. In Berlin gibt's rund um die Uhr Verpflegung. Oder wie es in dem 1958 erschienenen Berlin-Buch des Journalisten Walter Kiaulehn heißt: „Beim Berliner weiß man nie, ob er frühstückt oder Mittag isst." Kiaulehn erklärt das üppige Angebot übrigens mit einem

„Urhunger" des Berliners. Dieser sei „wahrscheinlich die tätige Erinnerung an die Vorfahren, die einst aus allen deutschen Gauen hungernd bis an den Strand der Spree gezogen sind". Wie auch immer, viele Menschen, die nach Berlin ziehen, empfinden ihr neues Dasein als regelrechten Wechsel in eine andere Zeitzone, an die sie sich erst gewöhnen müssen. Wenn man feiern kann bis in den Morgen, dann kann man eben auch später anfangen. Wer aus anderen Städten wie New York ein strenges Freizeitregime gewohnt ist (Treffen an der Bar um 20 Uhr, Restaurant bestellen für 21 Uhr, in den Club um 23:30 Uhr, Last Call um 4 Uhr), kann sich in Berlin entspannen: Berliner gehen los, wann sie wollen, holen sich was zu essen, wenn sie Hunger haben, und fangen mit ihrem Wegbier die Party auf der Straße an, bevor sie dann gegen sieben Uhr nach Hause gehen. Oder doch noch in den Club.

Es gibt sehr wenige Städte, in denen sich größere Gruppen von Menschen länger als 24 Stunden in Diskotheken aufhalten. Berlin ist eine davon. Das Berghain, zum Beispiel, lebt davon, dass seine Besucher teilweise das ganze Wochenende dort verbringen. Und damit ist wirklich das ganze Wochenende gemeint: Freitagnacht rein, Montagvormittag raus. Einige kommen auch erst Sonntagmittag, um dann bis Montagnacht zu feiern. Beim Berliner weiß man also auch nie, ob er am Vormittag zur Party geht oder von der Party kommt. In diesem kulturellen Umfeld entstehen dann Ideen, die dem Lebensgefühl der Berliner sichtbar entsprechen: Mr. Timeless ist so eine. Das Berliner Label stellt Design-Uhren ohne Ziffernblatt her. Und ohne Uhrwerk. Also eigentlich Uhren, die gar keine sind, aber toll aussehen. Das „Fazemag" schreibt dazu: „Einfach immer wieder aufs Ziffernblatt schauen und glücklich sein, dass man gar nicht spät dran ist ...". Nicht jeder kommt mit der Berliner Zeitlosigkeit klar. So war im „Tagesspiegel" vor ein paar Jahren der Hilferuf einer jungen Autorin zu lesen, die im Dienste der eigenen Gesundheit Stadtverwaltung und Clubbetreiber um ein paar Sperrstunden anbettelte. Also mal echt jetze, sorry, Jammalappm! Wir feiern bis inne Puppen!

#06

MACH ERSTMA DEN ÖFFI-FÜHRERSCHEIN

B

WESHALB ZUM BERLINERSEIN DIE BVG UND S-BAHN GEHÖREN

Was sollten Berliner niemals tun? Zu dieser Frage fiel den Beschreibern der B-Plakate besonders viel ein. Etliche ihrer Antworten hatten mit der Fortbewegung in der Stadt zu tun. „Am Fluchhafenbus mitn Fuffzijer bezahlen wollen." „Mit dem Fahrrad in den ersten Wagen einsteigen." „Ein Taxi zum BER bestellen." „Döner essen in der U-Bahn." „Mit dem Fahrer reden." Womit wir bei einem zentralen Berlinisierungs-Thema wären: dem Öffentlichen Nahverkehr. Den nennt man in Berlin nicht ÖPNV, sondern BVG. BVG wie Berliner Verkehrsbetriebe, zuständig für U-Bahn, Busse, Trams. Oder einfach Öffis. Google hat sich darauf eingestellt, und wenn man in Berlin „Öffis" googelt, ist der erste Treffer die BVG. Auch die S-Bahn, betrieben von der Deutschen Bahn, wird gern mal bei BVG mitgemeint.

Dass die „Öffis" eine wichtige Rolle in Berlin spielen, bemerkt jeder Neuberliner schnell. Jedenfalls tauchte das Thema sowohl in unseren Diskussionsrunden als auch auf den B-Plakaten immer wieder auf. Wohl deshalb, weil das Verkehrssystem der Stadt a) Berlin im wahrsten Sinne erfahrbar macht und b) das Verhalten in den Öffis oftmals als Sinnbild für Berliner Umgangsformen schlechthin zitiert wird. Noch heute gilt, was der Publizist Walter Kiaulehn Ende der 1950er in „Berlin. Schicksal einer Weltstadt" schrieb. Demnach entscheide sich „meist nach zwei Jahren", ob man Berliner werde oder nicht. So lange brauche man, um Stadtbahnfahren zu lernen und um sich überhaupt die Stadt anzueignen.

Deshalb ist ein wichtiges Gebot für jeden Neuberliner: Erst mal Öffi-Führerschein machen. Es ist wie die Reise nach Mekka für den Moslem: Um wirklich dazuzugehören, sollte der Zugezogene einmal mit der Ringbahn um Berlin pilgern. Oder wenigstens einmal U1 von der Uhlandstraße bis zur Warschauer fahren. Besser noch: ein Wochenende kreuz und quer mit AB-Ticket durch die Stadt cruisen. Würde auch Politikern oder manchen Urberlinern guttun, die aus ihrem Kiez kaum rauskommen. Denn die Öffis sind wie das Nervensystem unserer Stadt. Hier fühlt man Berlin in seiner Ganzheit, das kiezige und das weltläufige, das neue und das alte. BVG-Profis schätzen die besondere Atmosphäre der U4 zwischen Nollendorfplatz und Innsbrucker Platz, Stolz der damaligen Stadt Schöneberg und die kürzeste U-Bahn Berlins. Sehr fortgeschrittene Öffi-Connaisseure kennen sogar die F12. Das ist die Fähre, die Berlins Wohnviertel Wendenschloss mit dem Ortsteil Grünau über das Wasser miteinander verbindet.

„DENN DIE ÖFFIS SIND WIE DAS NERVENSYSTEM UNSERER STADT"

Es gibt aber auch wirklich viel zu wissen über die Verkehrswege, allein die Nummern und Endhaltestellen der zehn U- und 15 S-Bahnlinien stellen ein strammes Programm dar, ganz zu schweigen von den insgesamt 173 U-Bahnhöfen und 166 S-Bahnhöfen. Hinzu kommen 198 Bus- sowie die 22 Straßenbahnlinien, die fast nur im Ostteil der Stadt verkehren. Wer Städte wie Istanbul, São Paulo oder Dhaka kennt, weiß, was so ein dichtes Verkehrsnetz für ein großes Geschenk ist. Und auch die Berliner empfinden dafür eine Grunddankbarkeit. Eine angehende Friseurin, die kein Geld für ein Auto hat, schwärmte in einer Like-Berlin-Runde: „Du kommst immer überall hin." Ein Hellersdorfer Bauarbeiter meinte: „Vor allen Dingen kannste Tag und Nacht fahren."

Erst der im Vergleich zu London oder Sydney überaus bezahlbare öffentliche Nahverkehr macht Berlin wirklich zur Stadt der unbegrenzten Möglichkeiten, die vielen offensteht. Wie verwöhnt man in Berlin ist, zeigt wiederum eine Antwort auf einem B-Plakat zur Frage, woher man wisse, dass man Berliner sei: „Wenn ich mich darüber ärgere, dass die U-Bahn eine Minute zu spät kommt (während Vier-Minuten-Takt)." Oder: „Wenn du rennst, um die S-Bahn zu erwischen, obwohl die nächste in zwei Minuten kommt."

AB WANN BIST DU BERLINER?

Wenn dich volle TXL Busse nicht mehr nerven

Wenn Neulinge von ihren ersten Wochen in Berlin berichten, klingt das nach Herausforderung. Die einen fahren erst mal aus Versehen schwarz, weil sie nicht wissen, dass man das Ticket abstempeln muss. Andere kommen zunächst immer zu spät, weil sie sich mit den Entfernungen verschätzen. Vor allem der Umgang mit anderen Mitfahrern – davon war schon im Kapitel über Berliner Humor die Rede – stellt eine Herausforderung dar. So berichtet eine Urberlinerin von einer Besucherin aus Hessen, die vom Gewimmel in der S-Bahn überfordert war. „Die hat sich da sehr bedrängelt gefühlt. Wir sind's jewöhnt. Ich bin Berlinerin, ich fahr dann so ganz leicht meine Ellbogen aus und hol mir meinen Freiraum. Aber das musste hier auch, sonst kannste nicht bestehen. Das kannste auch auf andere Lebensbereiche übertragen." Und dann erzählt sie noch, dass sie nachts aufpasst, dass ihr Schmuck gut unter der Kleidung versteckt ist.

Großstädter werden und den öffentlichen Nahverkehr erlernen – das ist in Berlin historisch gesehen eng miteinander verknüpft. So ging der Aufstieg zur Metropole mit der Entwicklung einer entsprechenden Infrastruktur einher, die nach und nach den alten Stadtkern mit umliegenden Orten vernetzte. Gerade der S-Bahn kommt dabei eine bedeutsame Rolle zu. S steht natürlich für Stadt, und nur durch den rasanten Ausbau dieser Stadt-Eisenbahn ab 1838 (da wurde die erste Strecke von Berlin nach Potsdam eröffnet) konnten viele Menschen immer weiter von ihren Arbeitsplätzen entfernt wohnen und Berlin sich so ausbreiten.

1840 richtete der Berliner Israel Moses Henoch eine Buslinie vom Alexanderplatz zum Potsdamer Platz ein. Die Station dort, der Potsdamer Bahnhof, war der erste Bahnhof Berlins. Schon 1825 ließ der Fuhrunternehmer Simon Kremser die erste Berliner Pferde-Omnibuslinie zwischen dem Brandenburger Tor und Charlottenburg nach Fahrplan verkehren. Im Jahr 1865 nahm auf derselben Strecke die erste Pferde-Eisenbahn den Betrieb auf, 1881 feierte die elektrische Straßenbahn in Lichterfelde Premiere. Ein Jahr später fuhr dann erstmals die Stadtbahn durch das Zentrum Berlins, die später Teil der S-Bahn wurde, 1902 folgte die erste U-Bahn-Linie (die allerdings vor allem eine Hochbahn war), die heutige U1. Und 1905 ging der erste Motorbus auf Jungfernfahrt.

Nebenbei erfand man in Berlin den modernen Stadtverkehr. So präsentierte 1879 Werner von Siemens auf der Berliner Gewerbeausstellung im Treptower Park die erste elektrische Lokomotive der Welt. Nun konnten Großstädter sowohl über- als auch unterirdisch durch ihre Metropolen reisen, ohne dabei vom Rauch der Dampflok eingeschwärzt zu werden.

Die neuen Großstadt-Zeitungen wie der 1883 gegründete „Berliner Lokal-Anzeiger" oder die 1898 eingeführte „Berliner Morgenpost" halfen den Berlinern, sich in dieser neuen Art Öffentlichkeit zu bewegen. Sie behandelten Fragen wie „Wann darf man die Notbremse ziehen?" sowie „Aufstehen oder sitzen bleiben?". Der Historiker Peter Fritzsche macht gar für die Zeit um 1900 ein „neues Genre von Feuilletonartikeln" aus, das sich eingehend mit Flirts und peinlichen Begegnungen unter Fremden in der Bahn beschäftigte. Der Berliner – das dürfte inzwischen deutlich geworden sein – hat auf die Fragen des öffentlichen Benimms ganz eigene Antworten gefunden, wie etwa jene, nicht allzu freundlich dreinzuschauen und die Ellenbogen auszufahren. Der Popularität des öffentlichen Nahverkehrs scheint das nicht zu schaden.

Am Wochenende möchte ich feiern. Ohne Einschränkung.

Für **nur 2,70 Euro*** spontan zur nächsten Feier.

Was auch immer Du vorhast, die S-Bahn bringt Dich hin: mit dem Einzelfahrausweis am Wochenende rund um die Uhr zu den besten Partys der Stadt.

www.washastduvor.berlin

Wir fahren im:

Der groß angelegten Studie „Mobilität in Städten" der TU Dresden aus dem Jahr 2013 zufolge ist Berlin im Vergleich zu Dutzenden anderen deutschen Orten die Stadt mit dem geringsten Autoverkehr. Nur knapp 30 Prozent der Wege werden damit zurückgelegt, Tendenz sinkend. Der öffentliche Nahverkehr kommt auf fast ebenso viele Prozentpunkte, Tendenz steigend. Deshalb sollten zukünftige Berliner Landesregierungen noch viel mehr Energie in den Öffentlichen Nahverkehr stecken, ebenso in den Ausbau von Fahrradwegen, die Förderung von Elektromobilität und Carsharing. Berlin könnte Modellstadt für die Mobilität der Zukunft sein. Das würde der Berliner Wirtschaft helfen, neue Arbeitsplätze schaffen und das Leben in Berlin noch angenehmer machen. Wenn der Berliner Senat nur ein wenig leistungsfähiger wäre, etwas besser planen könnte und ein wenig mehr Einsatz für seine Öffentlichen zeigte, wäre die Zukunft in Berlin bereits angebrochen.

Sieger des lokalpatriotischen Herzens sind BVG und S-Bahn schon jetzt. Im Jahr 2016 gilt exzessives Nutzen öffentlicher Verkehrsmittel in Berlin als ultimativer Beweis dafür, dass man in der Stadt wirklich angekommen ist. So hat die ausgehfreudige Travestiekünstlerin Candy Crash eine ganz einfache Definition dafür, ab wann man Berliner ist. Sie schrieb auf ein B-Plakat: „Wenn du das erste Mal morgens in der Ringbahn aufwachst."

#07

ENTSPANN DIR

WIESO HIER IMMER ALLE COOL BLEIBEN, AUCH ANGESICHTS VON PROMIS UND KOTZE

Die halbe Welt will gerade ins coole Berlin ziehen. Und wundert sich, wenn sie dort mit ein paar Umzugskartons aufschlägt. In der Realität ist die Traumstadt nämlich oft erst mal die Härte. Wir erinnern uns. Kodderschnauze (siehe Gebot 3), Späti-Zeitrechnung (siehe Gebot 5) und das grundentspannte berlinische Verhältnis zu Müll, Graffiti und öffentlichem Alkoholismus (Gebot 1) – all das auf einmal kann auch großstadterfahrene Menschen erschüttern. Etliche Neuankömmlinge haben uns in Diskussionsrunden von einer Art Wirklichkeitsschock nach ihrer Ankunft berichtet. Und davon, wie sie nach ein paar Monaten deutlich abgebrühter und lässiger waren als zuvor.

Berlinisierung im Eiltempo. So erzählt ein junger Hesse, der seit einem Jahr in Berlin lebt: „Wenn ich Besucher durch die Stadt führe, gucken die immer so schockiert auf irgendwelche Kotze oder bemerken Uringestank. Das nehme ich inzwischen alles gar nicht mehr wahr." Eine zugezogene Pfälzerin wiederum berichtet mit einem gewissen Stolz, dass sie nach ein paar Jahren Berlin nun schon viel unfreundlicher geworden sei. Und schlagfertiger.

Berlin härtet ab – und macht nebenbei auf fundamentale Art cool. Es gibt wenige so unaufgeregte Metropolen wie diese. Um die Berliner Seele nachzubauen, müsste man einen Mix kreieren aus einem britischen Adeligen, einem bretonischen Landwirt, einem Pizzabäcker aus Palermo und einem polnischen Intellektuellen. Nichts, aber auch gar nichts beeindruckt Berliner wirklich. Obwohl das schon viele versucht haben und immer wieder versuchen: Unzählige Manager, Prominente, Investoren, Medienmenschen und Politiker sind schon in die Stadt eingeritten, beladen mit ihrem Programm, ihrer Attitüde, ihrem Tempo. Und wurden von Berlin einfach ausgebremst.

AB WANN
IST DU
BERLINER?

Wenn Kotze
in der Bahn
total O.K.
ist!

Beispiel Waldorf Astoria. Mit großem Trara feierte das Luxushotel 2012 im Erdgeschoss des Hauses die Wiedereröffnung des legendären „Romanischen Cafés". Hier amüsierten sich bis zur Zerstörung 1943 Gäste wie Bertolt Brecht, Billy Wilder oder Otto Dix. Auch Erich Kästner schwärmte einst von dem berühmten Café. Er lobte daran insbesondere, dass sich dort „das weibliche Geschlecht" in „staunenswert hübschen Exemplaren" versammle: Gymnasiastinnen, Studentinnen, Kunstgewerblerinnen, Töchter aus „guter Familie" und „jene Damen, die, wie man weiß, von der Liebe leben". Doch die Berlinerinnen verweigerten dem Mythos die würdevolle Auferstehung. Statt Studentinnen und Damen, die von der Liebe leben, versammelten sich bei der Wiedereröffnungsparty nur Berliner Rentnerinnen und fällten vernichtende Urteile: „Nett, aber nicht besonders." Und zur teuren Deko: „Diese Plastikkisten mit Gras sind eine Katastrophe." Das Waldorf Astoria hat das Romanische Café inzwischen klammheimlich in „RoCa" umbenannt. Soll wohl cooler klingen.

Was in Los Angeles, Tokyo oder Hamburg ausreicht, um Begeisterungsstürme, eine Pressewelle, eine Protestbewegung oder Kaufräusche auszulösen, versickert in Berlin einfach zwischen Ullrich Verbrauchermarkt und Karstadt Sport (den wahren Attraktionen in der Nähe des Waldorf Astoria). Berliner sind so stolz darauf, von nichts sonderlich beeindruckt zu sein, dass das manchmal schon etwas angestrengt wirkt. Aber neugierig sind sie dennoch. Über 150.000 Menschen interessierten sich allein vergangenes Jahr am Tag der offenen Tür für Bundeskanzleramt, Bundesministerien und/oder Bundespresseamt. Einfach mal rinkieken. Und ein bisschen lästern. Zwar hat sich der Name „Angelas Waschmaschine" für Merkels Amtssitz nicht wirklich durchgesetzt, aber generell ist auch der Berliner gelegentlich bereit, bedeutsamen Monumenten und Gebäuden entzaubernde Namen zu verpassen. Viele nennen die Siegessäule ja tatsächlich „Goldelse", das Haus der Kulturen „schwangere Auster". Welt-Prominente lieben Berlin dafür, dass es angesichts von Größen

AB WANN
BIST DU
BERLINER?

Wenn Dich das
Hippster-Verhalten
"Kalt" lässt!

aller Art so gelassen bleibt. Sie können hier „normal" sein, weil die Berliner sie „normal" behandeln. Grönemeyer am Nachbartisch? Jetzt bloß nicht anmerken lassen, dass man den kennt. Schon flüstern wäre übertrieben, allerhöchstens eine SMS schreiben: „Isser das?" Robbie Williams sagte: „Berlin, ich bin dein Sohn!" Brad Pitt und Angelina Jolie besitzen unbestätigten Gerüchten nach eine Wohnung in Mitte. Und Tom Hanks, der öfter hier dreht, meinte kürzlich: „Ich habe mir auch schon überlegt, in Berlin nach einem Eigenheim Ausschau zu halten." Manchmal zahlen die Stars – wie vor ein paar Jahren George Clooney – sogar den Normalos am Nachbartisch die Rechnung, wenn sie das Gefühl haben, sie würden deren Aura zu sehr stören.

Im verregneten Sommer 2007 machten sich Regisseur Bryan Singer und Topstar Tom Cruise nach langer Vorbereitungszeit daran, ihren historischen Film „Operation Walküre" an originalen Schauplätzen in Berlin zu produzieren. Ein paar Fanaufläufe hatten die beiden da schon erwartet. Die öffentliche Aufmerksamkeit, die Cruise während seiner Zeit in Berlin bekam, beschränkte sich auf die Verweigerung der Berliner Verantwortlichen, ihn die Hinrichtung Claus von Stauffenbergs am Originalschauplatz im Bendlerblock drehen zu lassen (erst nach vielen Anstrengungen und Bitten von Cruise und Singer erhielten sie schließlich ein Okay mit Auflagen). Und natürlich die herrliche Unterbrechung der Dreharbeiten, als die Polizei anrückte und das Cruise-Team festnehmen wollte: Einige Berliner hatten sich wegen der Hakenkreuzfahnen und SS-Uniformen am Messegelände beschwert. Niemand wusste, dass gerade ein Hollywood-Film gedreht wurde. So wenig interessiert sich die Stadt für die Anwesenheit eines Weltstars und seines Hollywood-Teams in Berlin. Den Stars gefällt's. Tom Cruise gestand in einem Interview: „Ich habe mich in Berlin verliebt."

„ICH HABE MICH IN BERLIN VERLIEBT"

Der Berliner zuckt die Schultern, hat er sich doch seit Jahrhunderten an Prominenz gewöhnt, von Hegel bis Hitler. Außerdem kennt er sich selbst bestens aus den Medien. Seit dem Kaiserreich war Berlin die am meisten besungene, beschriebene und befilmte deutsche Stadt: Hier saß die deutsche Filmindustrie (Babelsberg), hier war die Zentrale des Verlagswesens (Zeitungen und Bücher), hier schlug das Herz der deutschen Musikbranche, hier entstanden der deutsche Rundfunk (Telefunken) und das deutsche Fernsehen: 1930 strahlte Manfred von Ardenne in Lichterfelde die erste Fernsehsendung der Welt aus. Heute werden in Berlin jedes Jahr mehr als 300 Filme produziert, 4000 Film- und Fernsehunternehmen gibt es hier, 1400 Firmen aus der Musikindustrie, 800 Verlage – macht insgesamt rund 37.000 Unternehmen aus der Kreativwirtschaft. Die Wahrscheinlichkeit, als Berliner den Fernseher oder das Radio anzuschalten, ins Internet zu gehen oder ein Buch/Magazin/Zeitung zu öffnen und dort seine eigene Straße, das Lieblingscafé oder sich selbst zu sehen (oder zu hören), ist jedenfalls ziemlich hoch. Kein Grund zur Aufregung.

„Entspann dich mal", das gilt aber nicht nur angesichts des medialen Berlin-Hypes. Arbeitslos? Erst mal in den Park gehen und die Sonne genießen. Karrierechance? Erst mal schauen, ob das ins Work-Life-Balance-Konzept passt. Die Stadt versinkt wieder mal im Chaos? Haben wir schon öfter überstanden. Aber wie gesagt: Diese Form von Grundentspanntheit ist nichts für empfindliche Gemüter. Natürlich hört man des Öfteren von Menschen, die samt Nachwuchs in die Provinz gezogen sind, weil die Berliner Verwaltung keinen Gymnasialplatz in Wohnortnähe zur Verfügung stellen konnte. Zwar verbucht Berlin gerade Jahr für Jahr einen Bevölkerungszuwachs. Aber konkret hieß das zum Beispiel für 2015: Rund 182.000 Menschen sind zugewandert. Aber immerhin 139.000 wieder weggezogen. Sicher nicht nur aus ökonomischen Gründen oder der Liebe wegen. Berlin macht es seit jeher nicht jedem leicht. In seinem

WOHER
WEISST DU,
DASS DU
BERLINER
BIST? weil mich

- DAS CHAOS
- DIE TAXIFAHRER
- DIE FREAKS

NICHT MEHR! STÖREN

Roman „Imperium" lässt der Autor Christian Kracht seine Leser daran teilhaben, wie die Hauptfigur, ein zivilisationsmüder Nürnberger, Ende des 19. Jahrhunderts ausgerechnet in Berlin landet, dieser „in den märkischen Sand eingerammten Reichshauptstadt". Der Franke erschrickt angesichts der „gleichgültigen Trostlosigkeit" und der Leibspeise der Berliner, „einer meist aus Abfällen und schimmligem Mehl bestehenden Bratwurst". Der Besuch bestärkt ihn darin, aus dieser „vulgären, grausamen, vergnügungssüchtigen Gesellschaft" Richtung Südsee zu fliehen. Was für den einen Möglichkeiten, sind für den anderen Unmöglichkeiten.

„ES GIBT AUCH GANZ ANDERE ORTSLOGIKEN IN METROPOLEN"

Wahrscheinlich hat der Berliner sich einen Teil seiner Coolness in ebenjener Epoche Ende des 19. Jahrhunderts zugelegt, in der Kracht seinen Roman spielen lässt. In einer Periode, in der sich das rasant wachsende Berlin immer stärker als Weltmetropole begriff. So wurde 1866 erstmals die Posse „Berlin wird Weltstadt" des Bühnenautors David Kalisch aufgeführt. 1903 bereits beschrieb der Berliner Soziologe Georg Simmel das Phänomen der großstädtischen „Blasiertheit". Damit meinte er die seiner Meinung nach schon für Großstadtkinder typische „Unfähigkeit, auf neue Reize mit der ihnen angemessenen Energie zu reagieren". Simmel erläutert: „Wenn der fortwährenden äußeren Berührung mit unzähligen Menschen so viele innere Reaktionen antworten sollten wie in der kleinen Stadt, in der man fast jeden Begegnenden kennt und zu jedem ein positives Verhältnis hat, so würde man sich innerlich völlig atomisieren und in eine ganz unausdenkbare seelische Verfassung geraten."

Mit diesem Text hat Simmel die Stadtsoziologie begründet und eine Aussage getroffen, die irgendwie für viele Städte mit großer Verdichtung gilt. Und doch hat der Berliner Simmel eben auch speziell über die Besonderheiten seiner Stadt geschrieben.

„Eigenlogik" haben die Wissenschaftler Martina Löw und Helmuth Berking solche besonderen städtischen Strukturen getauft, als sie vor rund zehn Jahren einen eigenen Forschungszweig zum Thema ins Leben riefen. Es gibt – das zeigt die Empirie – eben auch andere Arten, mit Sozialstress umzugehen, als der Berliner es tut. So koordinierte der amerikanische Psychologe Robert Levine zwei große Studien, um die Hilfsbereitschaft im öffentlichen Raum an verschiedenen Orten zu testen. Im ersten Sample befanden sich 36 amerikanische Städte, im zweiten kamen 22 weitere Städte im Rest der Welt hinzu. Berlin war nicht dabei, das Ergebnis ist trotzdem aufschlussreich für die Funktionsweise der deutschen Hauptstadt. So fand Levine durchaus Hinweise darauf, dass in verdichteten Gebieten die Menschen Hilfsbedürftige tendenziell eher ignorierten. Er stieß aber auch auf andere Ortslogiken. Demnach ist ausgerechnet im dicht besiedelten Rio de Janeiro die Chance am größten, von Fremden Hilfe zu erhalten. Selbstverständlich – und somit anders als etwa die New Yorker – begleiteten die Menschen einen Blinden über eine Kreuzung oder trugen verlorene Dinge hinterher. Der Forscher begründete dieses Verhalten der Cariocas (so nennen sich Rios Einwohner) damit, dass es in der brasilianischen Metropole einen Wert an sich darstelle, „simpático" zu sein, das heißt freundlich und liebenswürdig. Levines Fazit: „Es deutet viel darauf hin, dass Hilfsbereitschaft nicht so sehr von der Natur der Leute abhängt, sondern von den Eigentümlichkeiten

der Umgebung." Anders gesagt: Es ist Berlin, das die Leute cool macht. Der Publizist Walter Kiaulehn führt die ironische Gelassenheit des Berliners sogar schon auf die Anfänge der Siedlungszeit zurück, zu der „dieses Grübeln mit den Händen auf dem Schippenstiel" gehört habe, womöglich sogar verbunden mit der Frage, „ob denn das Ganze einen Sinn habe". Vielleicht hat die Berliner Gelassenheit auch damit zu tun, dass die Stadt in ihrem Leben schon so viele Krisen überstehen musste. Im Dreißigjährigen Krieg war Berlin quasi ausgelöscht worden, 150 Jahre später von Napoleon okkupiert und gedemütigt, wieder 150 Jahre später nach zwei Weltkriegen endgültig am Boden. Nach Warschau war Berlin 1945 Europas zerstörteste Hauptstadt. Doch anders als Warschau war sie danach keine Hauptstadt mehr, sie wurde zerteilt und reduziert, an die Leine genommen. Von den 4,5 Millionen Einwohnern Berlins waren am Ende noch 2,8 übrig, die dann von einer Flüchtlingswelle überrollt und danach durch eine Mauer geteilt wurden.

Und doch hat Berlin selbst in der größten Katastrophe immer auch Glück gehabt. Das Symbol dafür ist der Mehringplatz in Kreuzberg, wo die Friedrichstraße mit der Nummer 1 beginnt, mit der Nummer 246 endet. Hier sollte eigentlich Little Boy abgeworfen werden, die erste Atombombe, die dann Hiroshima zerstörte. Der Platz hieß damals „Belle-Alliance-Platz", bei seinem Bau 1734 aber noch „Rondell" – weil er so schön rund war. Aus der Luft sieht das dann aus wie ein „Bullseye" beim Dart und sticht aus dem Gebäudemeer Berlins deutlich hervor: ideal für einen B-29-Bomber, der Nazideutschland mit einem Knopfdruck ein Ende bereitet hätte. Zum Glück für die Berliner hatte die Rote Armee Berlin erobert, bevor die Bombe fertig war.

Solche XXL-Tragödien haben Los Angeles oder Singapur nicht zu bieten. Berlin hat sich die Coolness hart erarbeitet. Wer erlebt hat, was die Stadt durchmachen musste, nimmt vieles einfach nicht mehr so ernst. Die meisten Berge Berlins sind aus

WAS SIND
BERLINS
DREI
GRUNDWERTE?

Alles nicht
So ernst nehmen –
vor allem nicht
mich selbst und :
Tränen lachen,
Schrillend ! Laut !!

Trümmern gebaut: Teufelsberg, Insulaner, Volkspark Friedrichs-hain, Humboldthain. Mindestens 14 solcher Trümmerberge gibt es in Berlin. Eine Metropole, die ihre Stadtlandschaft aus den Exzessen ihrer Geschichte errichtet – wieso sollte ein Berliner da aus der Ruhe geraten, wenn ein paar Politiker wieder mal ein paar Milliarden versenkt haben? Geld kommt schon irgendwann wieder rein, zur Not über den Länderfinanzausgleich aus Bayern und Baden-Württemberg (siehe Gebot 2).

Natürlich hilft beim Entspannen, dass die Berliner – im Vergleich zu anderen Weltstädtern – noch nicht ganz so hart ums Über-leben kämpfen müssen. Wer je versucht hat, in Los Angeles zu arbeiten, in Rom mit dem Auto zu fahren oder in Paris eine Wohnung zu mieten, der lernt Berlin lieben. Das Leben wird zwar langsam auch härter für die Ärmeren hier, keine Frage. Aber im Vergleich zu anderen Weltstädten ist man als Durchschnittsmensch überdurchschnittlich privilegiert – gerade deshalb, weil die Stadt ökonomisch noch hinterherhinkt.

Normalerweise definieren sich Metropoleneinwohner durch ihre privilegierte Position gegenüber der Land- und Kleinstadt-bevölkerung, die jedoch von jedem Bürger täglich hart erkämpft werden muss. Der Wettbewerb in der Großstadt ist immer härter als anderswo, der Überlebenskampf rücksichtsloser, die Chancen größer, aber auch die Risiken. Aus weltpolitischen Gründen war und ist das in Berlin eben anders. Wer wissen möchte, wie ein bedingungsloses Grundgehalt sich auf eine Gesellschaft auswirkt, konnte im hochsubventionierten Berlin zwischen 1961 und 1991 einem einzigartigen Live-Experiment beiwohnen.

Die sorglose und leicht überhebliche Attitüde Berlins lässt sich sicher auch darauf zurückführen. Berliner sind Adelige des Geistes, sie sind sich ihrer Position bewusst, sie sehen sich als Prominente durch Zuzug oder Geburt, und ganz Berlin ist die VIP-Lounge. „Wir sind Spreeathener, uns kann keener", singt man

KIEKSTE KRASS!
#PLAKATIERUNG #STADTBANNER IN BERLIN

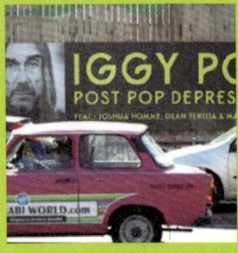

HVS PLAKAT

WWW.HVS-PLAKAT.DE

LIKE
BERLIN

in Berlin. Das immer noch hochsubventionierte Berlin genießt seinen Sonderstatus wie ein gut aussehender Szenegänger, der gratis in den Club kommt und dann zu allen Drinks eingeladen wird. Wir Berliner finden es völlig normal, dass wir zwei zoologische Gärten und drei Opernhäuser haben, Museen und Theater ohne Ende, rund 60 Schwimmbäder mit kostenlosem Zutritt für Vereine, gratis Kitas, sehr guten Nahverkehr, gepflegte Grünanlagen. Wer in Berlin ein Theater-, Opern- oder Ballettticket kauft, wird dabei mit durchschnittlich Hundert Euro aus der Gemeinschaftskasse subventioniert. Und weil jeder in irgendeiner Weise in Berlin von irgendeiner solchen Gemeinschaftsspende profitiert, kommt erst gar kein Sozialneid auf. In Berlin kann man sich Gelassenheit leisten.

Und auch wenn Bayern das nicht so gerne hören: Der Rest der Republik profitiert enorm von der Berliner Coolness. Spätestens seit die Welt im Jahr 2006 gebannt auf das fast brasilianisch gut gelaunte, fußballverrückte Berlin schaute, hat sich das Deutschlandbild in der Welt gewandelt. Kohl und die Bonner Republik waren fast vergessen. Wer eine solche Hauptstadt hat, muss ein cooles Volk sein. Dank dieses Imagetransfers haben somit auch München und Stuttgart etwas vom großen Hype. Und werden selbst auch gleich ein bisschen entspannter.

Nein, an Berlin kommt gerade kaum einer vorbei. Über zwölf Millionen Übernachtungsgäste zählten die Statistiker allein für 2015, darunter 7,5 Millionen aus dem Inland. So mancher wird vielleicht etwas lässiger abgereist sein, als er gekommen ist. Selbst in Berlin darf man aber seine coole Zurückhaltung auch mal kurz aufgeben. Am besten für einen guten Witz zur richtigen Zeit, so erlebt vor ein paar Jahren in der U-Bahn-Linie 1, als ein Mann seinen Freund mit Hundehalsband Gassi führte. Alle taten, als sei der Herr auf allen vieren nichts Besonderes – bis der Verkäufer einer Obdachlosenzeitung einstieg und laut sagte: „Was bist 'n du für 'ne arme Sau." Der ganze Wagen lachte.

08

ERFORSCHE KIEZISTAN

WARUM ECHTE GROSSSTÄDTER IHRE DÖRFER BRAUCHEN

Könnte ein Geheimdienst alle Partys Berlins belauschen und den gesamten Feier-Small-Talk auswerten, wüsste er schnell, was die Stadtbewohner am meisten beschäftigt: die Frage nach dem Wo. Egal mit wem und egal in welcher Runde man in Berlin plaudert, schnell geht es darum, wo man am besten wohnt, wo man gut isst, wo man am erholsamsten flaniert und wo man am aufregendsten ausgeht. Und wo nicht mehr. Marheinekeplatz? Seit der Umgestaltung nur noch ein Paradies für Junkies. Oberschöneweide? Kommt. Da ist doch jetzt das White Trash hingezogen. Prenzlauer Berg? So out, dass es wieder in ist. Gewusst wo – das ist elementares Wissen in Berlin. Denn die schiere Größe und Vielfalt der Stadt plus deren rasanter Wandel stellen die Bewohner immer wieder aufs Neue vor besondere Herausforderungen. Ankommen in Berlin dauert ein Leben lang.

Deshalb merke: Wer in Berlin mitreden möchte, muss sich intensiv ortskundig machen. Zu jeder Gelegenheit Wissen darüber austauschen, welche Gegend sich wie entwickelt, und ständig überlegen, wo man sich selbst gerade wohlfühlen könnte. Alles nach dem Motto: Erforsche Kiezistan. Wer Berliner werden will, muss auch Kreuzberger, Friedrichshainer oder Moabiter werden. Und viel Zeit im Dorf verbringen. Denn der Weg in das Herz der Stadt führt über das Café an der Ecke und den Späti nebenan.

Die Autoren der Hertie-Berlin-Studie charakterisieren Berlin nicht umsonst als „Stadt der Szenen und Kieze". Und es ist diese Vielfalt, wegen der Tourismusmanager, Künstler und arme Studierende unisono Berlin als Stadt der unendlichen Möglichkeiten preisen. Hier ist wirklich viel Platz für verschiedene Lebensentwürfe. Ein bisschen wie in Amerika, dem übrigens ein Berliner Kaufmann im Jahr 1902 den Beinamen „Land der unbegrenzten Möglichkeiten" verpasste. So wie Auswanderer sich einst gen USA zum Goldschürfen und Rinderzüchten aufmachten, begibt man sich heute aus aller Welt nach Berlin. Zur Glückssuche. Ein Like-Berlin-Statement verspricht: „Jeder findet den Kiez, der zu ihm passt. Spießer, Künstler, Intellektuelle, junge Wilde, Schickimickis."

Gewusst wo ist in Berlin allein aufgrund der schieren Größe eine Mammutaufgabe. Die Stadt misst von West nach Ost an der breitesten Stelle 45 Kilometer, von Nord nach Süd 38 Kilometer. Die Stadtgebietsfläche beträgt 892 Quadratkilometer. Die deutsche Hauptstadt, die mit ihren 3,5 Millionen Einwohnern mehr als jede andere Stadt des Landes zählt, ist auch flächenmäßig die größte der Bundesrepublik. Das ist nicht banal, die drittgrößte deutsche Stadt in dieser Kategorie ist zum Beispiel Gardelegen in Sachsen-Anhalt. Berlin ist seit einer umfassenden Reform 2001 in zwölf Bezirke gegliedert, zuvor waren es 23. Insgesamt 96 Ortsteile gibt es. Unterhalten sich Berliner über Berlin, dann ist allerdings so gut wie nie von den neuen Konglomeraten Friedrichshain-Kreuzberg oder Charlottenburg-Wilmersdorf die Rede, sondern von den im Zuge der Reform zu Ortsteilen herabgestuften Ex-Bezirken Friedrichshain, Kreuzberg, Wedding, Charlottenburg oder Wilmersdorf.

Die hartnäckige Bedeutsamkeit dieser Orte rührt unter anderem daher, dass Berlin nicht nur vom Stadtzentrum nach außen expandiert ist, sondern auch die umliegenden Orte auf Berlin-Mitte zuwuchsen. Deshalb ist man in Berlin zunächst Einwohner seines Bezirks/Ortsteils, dann erst der Stadt. Gerade bei den Spandauern kann das extreme Züge annehmen. Gerne betonen sie auch im Jahr 2016, dass ihr 1920 eingemeindeter Bezirk älter sei als Berlin. Tatsächlich ist das Stadtrecht für Spandau erstmals für das Jahr 1232 beurkundet, das für Berlin 1237. Spandau bei Berlin? „Dit heißt Berlin bei Spandau", sagt der Spandauer. Auch so mancher Charlottenburger verweist auf die Historie des Ortsteils als Residenzstadt. Mikro-Lokalpatriotismus.

BERLIN BEI SPANDAU" „DIT HEISST

Die Älteren unter uns denken auch noch in ganz anderen Einheiten als in Altbezirken, nämlich den ehemaligen Postzustellbezirken, festgelegt durch eine Anweisung des Kaiserlichen Generalpostamtes aus dem Jahre 1873. Zu den Postbezirken zählte zum Beispiel das berühmte SO 36 (Süd-Ost 36), der einst wildere Teil Kreuzbergs. Hier fühlte sich der Romanheld aus „Herr Lehmann" in den 1980ern zu Hause. Dagegen fremdelte er mit dem braveren Kreuzberg 61 und verirrte sich nur ungern dorthin. So heißt es in dem Buch: „Aus 61 wollte er so schnell wie möglich wieder heraus, das deprimierte ihn immer." Und weiter: „Und durch Neukölln, und sei es nur das kleine Stück in der Bürknerstraße, das er auf dem Hinweg hatte nehmen müssen, wollte er schon gar nicht mehr gehen, das war noch schlimmer." Damals war Neukölln, das postleitzahlentechnisch übrigens unter „1000 Berlin 44" firmierte, eben noch nicht hip. Aber schon damals drehte sich viel um den passenden Kiez.

Das Wort Kiez kommt von den slawischen Urbewohnern der Berliner Region und heißt ursprünglich „chyza", Hütte. Der Kiez ist das Lebensumfeld, in dem man sich kennt, im Hip-Hop-Sprech die „Hood" oder wie der Berliner Sido rappt: „mein Block".

WAS SIND
BERLINS
DREI
GRUNDWERTE?
SPANDAU
≠
BERLIN
Was ist
dein Problem,
Alter?

Im Idealfall fühlt sich im Kiez das große Berlin ziemlich gemütlich an, wie eine Familie inmitten der anonymen Stadt. Ein Künstler erzählte bei einer Like-Berlin-Diskussion: „Als Kleinstädter in Berlin erwartest du etwas Riesiges, Großes, was dich erschlägt. Im ersten Moment ist das auch so, aber dann kommst du in einen Kiez, und dann fühlst du dich wie im Dorf: nicht verloren, trotzdem voller Möglichkeiten, ein bisschen schizophren, aber auf jeden Fall cool." Ein guter Kiez ist quasi die Quadratur der Großstadt. Nicht jeder Kiez hat einen Namen, aber jeder Ortsteil hat ein paar mehr oder minder über die Grenzen hinaus bekannte Kieze. Im besagten Kreuzberg 61 finden sich zum Beispiel der Gräfekiez und der Bergmannkiez, im alten 36 der Wrangelkiez. In Moabit gibt's den Stephan- und den Huttenkiez, im Wedding Sprengel- und Antonkiez. Und weil ein Bezirk/Ortsteil aus ganz unterschiedlichen, zum Teil gar nicht eigens benannten Nachbar-schaften besteht, reden Menschen nicht unbedingt über das-selbe Kreuzberg, wenn sie über Kreuzberg reden. Und auch nicht über denselben Wedding.

Dabei unterhalten sich alle ständig am liebsten über die sich rasant entwickelnden Altbezirke. Lange Jahre war dabei Prenzlauer Berg das Großthema, jetzt ist es Neukölln. Auch in unseren Berlin-Code-Diskussionsgruppen ging es immer wieder um diesen Distrikt. Da versichern sich zum Beispiel junge Deutschtürkinnen, Gegenden wie das Rathaus Neukölln seien unbedingt zu meiden. Begründung: „Zu viele Ausländer." Gemeint sind damit vor allem Türken und Araber. „Da ist zu viel Anmache." Hipster-Migranten aus aller Welt schwärmen dagegen von dem Bezirk, insbesondere von der „Kreuzkölln" genannten Gegend am Rande Kreuzbergs. Wegen der im Vergleich zu London oder Tel Aviv billigen Miete. Der vielen Kneipen. Und der vielen Ausländer. Gemeint sind damit nicht unbedingt nur Türken und Araber, sondern vor allem die anderen frisch arrivier-ten Expats aus Ländern wie England, Israel, Spanien, Italien, Dänemark. Multikulti de luxe.

Hört man ganz genau hin, wie die Bewohner Berlins über ihre Stadt sprechen, dann lassen sich – wie das Beispiel der Neuköllner Migranten gerade illustrierte – deren Äußerungen grob in die zwei Kategorien Warnung oder Empfehlung einteilen. Hingehen oder wegbleiben, das sind die zentralen Botschaften. Ständig tauschen Berliner solche Quartier-Gebrauchsanweisungen aus, machen so die Riesenstadt häppchenweise verdaubarer.

Die Erzählungen über die Quartiere sind mehr als Dönekens, tragen sie doch maßgeblich dazu bei, wie sich einzelne Gebiete entwickeln. So lockte etwa die Mund-zu-Mund-Propaganda der coolen Neu-Neuköllner, verstärkt durch enthusiastische Medienberichte der internationalen Presse, immer mehr Hipster an – und verdrängte dadurch alte Mieter. Natürlich ist auch die reale Gentrifizierung von Infrastruktur (Bioläden, vegane Restaurants) und Bausubstanz (Sanierungen, Neubauten) ein wichtiger Faktor für die Quartiersentwicklung, ebenso das Mietniveau. Aber die Stadt wird auch im Geiste geformt. Und deshalb sollte man den Einfluss nicht unterschätzen, den unterschiedliche Small-Talk-Mythen auf die Bewertung eines Ortes haben. Sie definieren schließlich, als wie attraktiv ein Viertel gerade gilt und wie gut bestimmte Kieze als „Marke" funktionieren.

In seiner Dissertation über „Gentrification in Prenzlauer Berg" weist der Stadtsoziologe Thomas Dörfler darauf hin, dass gerade hinter dem Umzugsverhalten besser gestellter Binnenmigranten „unzweifelhaft ein Motiv der Erlebnisorientierung und in gewissem Sinne auch der Warenlogik" stecke. „Das heißt, man sucht sich seine Umwelten aus, je nachdem, welche einem mehr entspricht." Mag sein, dass die Suche nach dem tollsten aller Viertel etwas von Kiezshopping hat. Zugleich ist die Jagd nach dem perfekten Revier ein archaischer Mechanismus. Könnten Tiere über ihren Lebensraum plaudern, klänge das sicher ganz ähnlich, wie wenn Berliner ihre Bezirke durchhecheln. Systematisch werden die einzelnen Gegenden auf Bedürfnisse wie Nahrungssuche, Bewohnbarkeit und Sicherheit abgeklopft. Unbestritten hat das Kiez-Picking die Folge, dass Zugezogene unfreiwillig genau das zerstören, was sie im Kiez suchen. Der ist im Idealfall eben doch kein Dorf, sondern ein Stück Berlin, und vereint somit die unterschiedlichsten globalen Lebensentwürfe an einem Platz. So wie es gerade in Kreuzkölln zu erleben ist, wo arabische Shisha-Lounges und Hipster-betriebene Soja-Latte-Cafés nebeneinander logieren. Berliner Kiez, das ist in seiner schönsten Ausprägung Dönerbude neben Esoterikladen, Manga-comic-Geschäft neben afrikanischem Callcenter, Berliner Gas-Wasser-Installateur (mit Schaufensterdeko!) neben einem russischen Lebensmittelhandel.

Aber ebendieses Nebeneinander ist schwer gefährdet. Auch in Neukölln. Schon jetzt gibt es frisch Zugezogene, denen ihresgleichen zu viel wird. Im Prenzlauer Berg ist man schon unter sich. Den Begriff „Bionadebiedermeier" prägte mal ein „Zeit"-Autor für die Kultur, die dort mit dem Mittelstand aus anderen Bundesländern einzog. Die damit verbundene „Verbürgerung" hat viele Areale im ehemaligen Künstlerbezirk zum gezähmten Spießerparadies gemacht, wo die Straßencafés um 22 Uhr schließen und der Biomarkt die Galerie verdrängt. Oder wie es auf einem Transparent am „Klub der Republik" in der Pappelallee kurz vor dessen Abriss hieß: „Erst wenn die letzte Eigentumswohnung gebaut, der letzte Klub abgerissen, der letzte Freiraum zerstört ist, werdet ihr feststellen, dass der Prenzlauer Berg die Kleinstadt geworden ist, aus der ihr mal geflohen seid." Eine Kleinstadt allerdings, in der man kaum alte und arme Bewohner sieht.

Dabei ist der Kiez-Mix eine historische Institution namens „Berliner Mischung". Als Berlin ab Mitte des 19. Jahrhunderts zur Industrie-Weltmetropole heranwuchs und innerhalb von nur 50 Jahren aus 400.000 Einwohnern über zwei Millionen wurden, musste man in großem Stil Mietskasernen bauen. Das tat man

so, wie es sich der preußische Stadtplaner James Hobrecht gewünscht hatte. Der nach ihm benannte Masterplan von 1862 sah Grundstücke mit viel Platz für Hinterhöfe vor. Die Vorderhäuser waren für Bürger gedacht, eher schick, mit Stuckfassade, großen Balkons, Parkettsalons und hohen Decken. Das Hinterhaus im ersten Hinterhof kam schlichter daher und mit kleineren Wohnungen für Dienstpersonal und Handwerker. Der zweite Hinterhof war noch deutlich enger und dunkler, hier wohnten Arbeiter und andere arme Menschen. Der dritte und vierte Hinterhof kam dann mit Fabriketagen daher, manchmal gab es sogar auch noch einen fünften, sechsten, siebten Hof. So mancher dieser Höfe war nur knapp dreißig Quadratmeter groß und entsprechend dunkel. Das Leben hier kann man noch heute in den Zeichnungen von Heinrich Zille erahnen. Daher kommt es, dass in Berlin, anders als in anderen Metropolen, das wohlhabende Bürgertum im selben Kiez wie bettelarme Arbeiter wohnte.

Natürlich will man nicht die dunklen Hinterhofwohnungen mit Zehn-Mann-Belegung zurück. Aber dass ärmere Berliner sich Berlins Zentrum nicht mehr leisten können, ist eine Tragödie. Und ein Fall für die Politik. Auch der Misch-Kiez gehört unter Denkmalschutz gestellt. Schon jetzt sind einige Kiez-Biotope ausgetrocknet, die doch den Charakter Berlins so geprägt haben. Und in Zukunft? In der Kino-Dystopie „Snowpiercer" lebt die Menschheit im Zug, die Reichen vorne, die Armen hinten. In dem Film „High-Rise" leben die Reichen im Hochhaus oben, die Armen unten. In Berlin wohnen die Besserverdienenden zunehmend innerhalb des S-Bahn-Ringes, die Ärmeren draußen. Das geht nicht als Happy End durch. Ein paar neue Plattenbauten reichen da nicht. Wir brauchen ganz neue Ideen, wie man in Berlin den Druck aus dem Wohnungsmarkt nimmt. Ideen, die nicht nur der Mittelklasse helfen wie die Baugemeinschaften. Ideen, die nicht wie das Zweckentfremdungsverbot dazu führen, dass Berliner bestraft werden, wenn sie im Urlaub

AB WANN
BIST DU
BERLINER?

.... Wenn dein
kiez dein
Dorf ist

ihre eigene Wohnung vermieten. Es ist ein Anfang, dass jetzt über die Bauordnung neu diskutiert wird. „Berlin muss auch in die Höhe wachsen können, um Flächenressourcen zu schonen", sagt Stadtentwicklungssenator Andreas Geisel. Bis zu neun Hochhäuser will man am Alexanderplatz genehmigen. Ein Anfang.

Aber man muss noch radikaler denken, vielleicht so wie der Immobilienmakler Nikolaus Ziegert. Er träumt nicht nur von sehr viel mehr Wolkenkratzern an der Leipziger Straße, Spree und am Potsdamer Platz. „Warum bauen wir nicht einfach auf alle Häuser in Berlin ein, zwei Stockwerke drauf? Das wäre ein komplett neuer Lebensraum." Weg mit der Hobrecht'schen Traufhöhe, diesen ewig gleichen 22 Metern. Einst waren sie den 22 Meter breiten Straßen geschuldet. Falls bei einem Brand eine Fassade einstürzte, sollte sie das Haus gegenüber nicht erwischen. Braucht man das noch 2016?

Auf jeden Fall werden wir uns verkleinern müssen. Die 38,8 Quadratmeter, die gerade jeder Berliner durchschnittlich bewohnt, sind zu viel des Luxus. Gleich mehrere Vorschläge zur Schrumpfung waren in jüngster Zeit zu begutachten. So hatte der Berliner Einrichtungshändler „Minimum" einen Wettbewerb zum „Mikrowohnen" auf 27 Quadratmetern ausgerufen, 14 Berliner Architekturbüros beteiligten sich daran. Der erste Platz ging an das Büro „bfs d Flachsbarth Schultz". Deren Entwurf mit Bad- und Küchennischen in der Wand wirkt so durchdacht-elegant, dass man sofort einziehen würde. Überzeugend ist auch eine Wohnheim-Idee der Fachhochschule Potsdam namens „Make Space". In den zwei- bis vierstöckigen Holzbauriegeln mit Außentreppen sind für jeden nicht mehr als 20 Quadratmeter Wohnfläche vorgesehen, aber dafür ein eigenes Bad und eine eigene Küche. Ginge auch. Hauptsache, Privatsphäre. Hauptsache, zentral. Hauptsache, mit vielen unterschiedlichen Menschen. Oder anders gesagt: klein, aber Kiez.

09

LIEBE DAS LANDLEBEN

WIE WELTSTÄDTER DAS GRÜN IM GRAU BEACKERN

Der Berliner neigt im Zusammenhang mit seiner Stadt per se zu Superlativen. Ausgehen, essen, Kultur, alles supermegatop. Wenn es um die lokale Botanik geht, kommt er aus dem Schwärmen erst recht nicht mehr heraus. „Keine Stadt ist so grün wie Berlin", meinte etwa die Profi-Gartengestalterin Kathrin Hennrich bei einer unserer Diskussionsrunden. Und weiter: „Jeder setzt sich eine kleine Blume auf den Balkon oder aufs Fensterbrett, jeder Supermarkt bietet irgendwelche Pflanzen an. Man kann so schnell im Grünen sein, jede Allee wird bepflanzt, man kümmert sich um die Bäume, bewässert die Rasenflächen. Es wird unglaublich viel getan fürs Grüne."

Im Internet ist sogar immer wieder zu lesen, Berlin sei die allergrünste Stadt Europas. Das stimmt zwar nicht ganz, zu den Zahlen gleich mehr. Aber tatsächlich ist Berlin mit Parks, Seen, Schrebergärten, verwilderten Brachen, romantischen Friedhöfen, innerstädtischen Wäldern, zwei Zoos und gar einigen Bauernhöfen gesegnet. Und auf jeden Fall gilt: Wer von Herzen Berliner sein will, sollte das dringend zu schätzen wissen. Und zur festen Überzeugung gelangen: Grüner geht's nicht. Insbesondere sollte er sich das Credo zu eigen machen, wenn er zu den über zwei Millionen Menschen gehört, die außerhalb des S-Bahn-Ringes leben. Denn gerade in Suburbia gilt die Devise: Wir können beides, ein bisschen Stadt, ein bisschen Land. Berlin kommt in dieser Lesart dem idealen Ort Kurt Tucholskys ziemlich nahe. Der dichtete einst:

„Ja, das möchste:
Eine Villa im Grünen mit großer Terrasse,
vorn die Ostsee, hinten die Friedrichstraße;
mit schöner Aussicht, ländlich-mondän,
vom Badezimmer ist die Zugspitze zu sehn –
aber abends zum Kino hast du's nicht weit."

Okay, der Teufelsberg ist nicht die Zugspitze. Aber sonst? Alles irgendwie da, alles nah. Mit insgesamt 2500 öffentlichen Grün- und Erholungsanlagen kann Berlin aufwarten. Auf der Internetseite des Senats rechnet man vor, dass 6,7 Prozent des Stadtgebiets Wasserflächen seien, über 18 Prozent von Wald bedeckt, weitere 11,9 Prozent wiederum Erholungsflächen und über vier Prozent landwirtschaftlich genutzt. Das ist beachtlich, allerdings hat die „Morgenpost" kürzlich spielverderberisch Satellitenaufnahmen aller 79 deutschen Großstädte nach allem sichtbaren Grünzeug ausgewertet. Demnach landet ausgerechnet Siegen auf Platz 1, Berlin auf Platz 63, weit hinter Hamburg (39) und Hannover (54), immerhin vor Köln (65), Frankfurt (67) und, von wegen Riesendorf, München (74).

Auch in Sachen Einwohnerdichte geht es in Berlin rein statistisch gesehen mit 37 Einwohnern pro Hektar nicht unbedingt idyllisch zu, das sind vierzig Prozent mehr als etwa in Hamburg. Innerhalb des S-Bahn-Ringes drängeln sich sogar 111,5 Einwohner auf einer Fläche von 100 mal 100 Metern, mehr als in London. Aber Statistiken beruhen auf willkürlichen administrativen Grenzen und sagen wenig aus über das Wohn- und Wohlgefühl, wie jüngst der Mieterverein am Beispiel Friedenau vorrechnete. Dort kommen sogar 161 Einwohner auf einen Hektar, aber ganz viel Grün – darunter der Botanische Garten – liegt in unmittelbarer Nähe. Steinwüste geht anders. Gefühlt ist Berlin mit seinen 440.000 Straßenbäumen, 40 Naturschutzgebieten und 52 Landschaftsschutzgebieten erholungstechnisch weit vorne. Über die Hälfte der 320.000 Wohngebäude sind Ein- und Zweifamilienhäuser.

Touristen und Zugezogene sind immer wieder davon überrascht, wie viel grüne Lungen Berlin zu bieten hat. Wird doch das Image von Städten, insbesondere das von Berlin, vor allem über das Kultur- und Nachtleben sowie die Geschichte definiert. Aber die Neuberliner aus aller Welt werden das mit ihren Erzählungen

vielleicht etwas ändern. 2016 veröffentlichte zum Beispiel der US-Amerikaner Joshua Hammer im Reiseteil der „New York Times" eine Liebeserklärung an seine neue Wahlheimat Berlin. Unzählige Ausflüge weiß er zu empfehlen, auf das Tempelhofer Feld, zum Gleisdreieck Park, an den Schlachtensee und die Krumme Lanke und vor allem zur Domäne Dahlem, einem Freilandmuseum mit Bio-Bauernhof. „Hier hat mein Sohn nach roten Kartoffeln gegraben, Äpfel geerntet, Ziegen gestreichelt, Hühner gefüttert", schreibt der Autor – wobei Überraschung mitklingt, dass all so etwas in einer Großstadt gehen soll. „Wildschwein still dwell deep in the forest", heißt es im denglischen Originaltext. Vielleicht beeinflussen solche Berichte ja die Reisepläne der Berlin-Touristen. Berliner Naturferien mit Familie statt Junggesellentrip.

Sogar ein Wanderurlaub ist in Berlin möglich. „20 Grüne Hauptwege" nennt sich das 565 Kilometer lange Wegenetz, das im Internet und auf eigens angefertigten Stadtkarten gut dokumentiert ist. Viele der Routen – etwa der Wuhletalweg oder der Britz-Buckower-Weg – führen durch weitgehend touristenfreie Gegenden. Radeln lässt sich am Stadtrand ebenfalls in aller Ruhe, zum Beispiel auf dem gut ausgeschilderten Mauerradweg, 160 Kilometer einmal ums alte West-Berlin. Die langen Wege jenseits des S-Bahn-Ringes lohnen sich, denn auch sie führen durch Vielfalt. Stadtrand ist Familienland, wie man an den unzähligen Trampolinen vor Einfamilienhäusern sieht. Der Stadtrand besteht aber auch aus Großsiedlungen wie Gropiusstadt, unzähligen Kleingartenkolonien, blühenden Wiesen, Bächen, Seen, weitläufigen Wäldern.

Am Wegesrand wuchert Pflanzenmultikulti, darunter das omnipräsente Springkraut (aus Indien) und die gelb blühende Goldrute (aus Amerika). Und damit man zwischendurch keine Naturschönheit verpasst, hat die Berliner Verwaltung eifrig

„WILDSCHWEIN STILL DWELL DEEP IN THE FOREST"

Schilder im Grünen aufgestellt. So steht im Tegeler Forst der höchste Baum Berlins. Ein eingeritzter Hinweis auf einer Holzplatte erklärt: „Europäische Lärche. Anno 1795 unter Forstmann von Burgsdorf gepflanzt. Baum des Jahres 2012. Höhe: 42,5 m. Umfang: 2,90 m." Wär man sonst glatt vorbeimarschiert, an der Burgsdorfer Lärche, dem Pflanzenpromi.

Ein echter Berliner wird auch Berliner Pflanze genannt, mutmaßlich schon seit dem 19. Jahrhundert. Da dichtete einer auf einen bekannten Marsch den Text „Denkste denn, denkste denn, du Berliner Pflanze, denkste denn, ick liebe dir, nur weil ick mit dir tanze?" Typisch hedonistisches Berlin, Pflanzen und Tanzen aufeinander zu reimen. Auch Mode und Botanik gehen irgendwie zusammen in der Stadt, zumindest gibt es ein junges Modelabel namens „Berlina Pflanze" (das macht übrigens das Like-Berlin-Shirt).

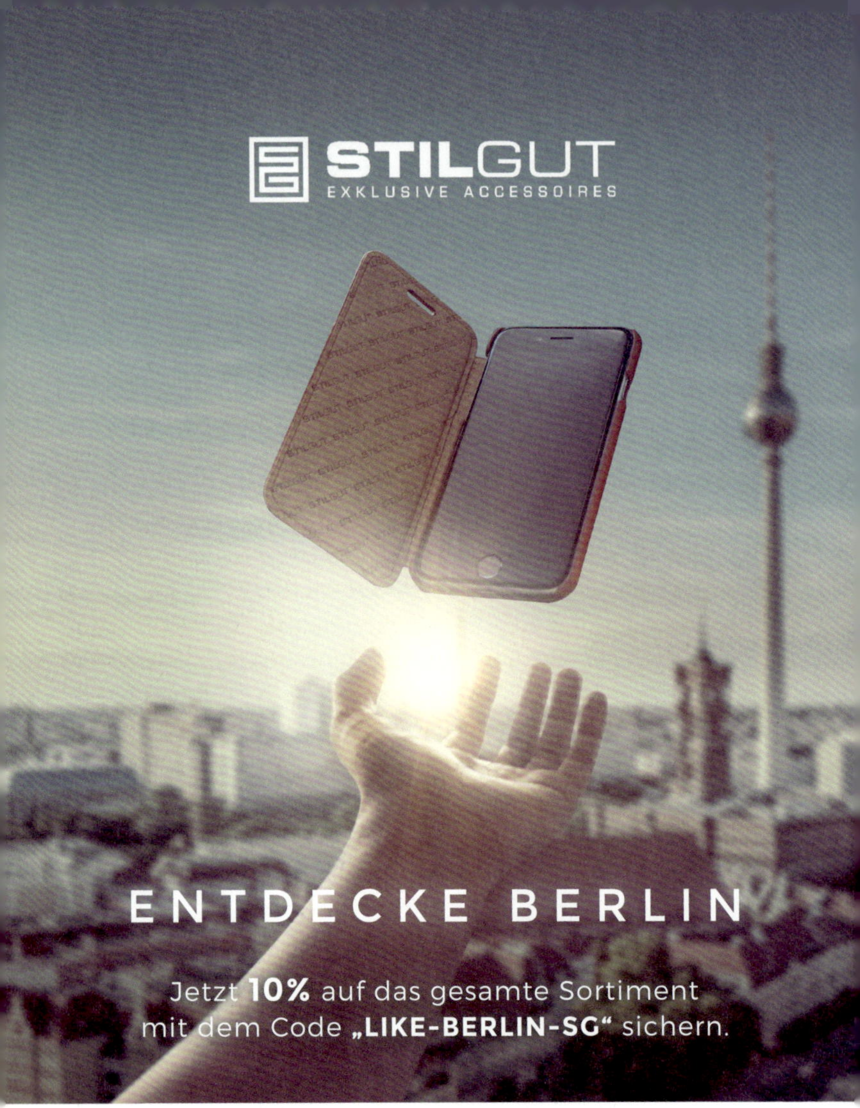

Naturnah feiern ist jedenfalls ein Hobby des Berliners, das er gerne im Schrebergarten oder beim Grillen im Park auslebt. Oder bei einer Sonntagsfahrt ins Grüne, bevorzugt an die Ufer von Havel, Spree und Dahme. Dazu gehört traditionell die Einkehr in eine der vielen Ausflügler-Gaststätten.

Das neue Berliner Bürgertum weitet dieses Prinzip zunehmend aus, indem es sich ein Häuschen im Umland zulegt und dort konsequent das Wochenende verbringt. Als Berliner mit solchen Freunden erhält man nun regelmäßig Einladungen aufs Land. Zum Feiern. Warum nicht? Ein Doppelleben zwischen Stadtwohnung und Landhaus ist für Wohlhabendere heute eine Alternative zum Leben in Suburbia. Statt jeden Tag vom Rand ins Zentrum zur Arbeit zu pendeln, wohnen sie lieber gleich mittendrin und fahren freitagabends aufs Land und sonntagabends wieder zurück. Interessanter Nebeneffekt: Wer als Zugezogener in Mitte wohnt und ein Häuschen in der Uckermark besitzt, kann somit in Berlin leben und dabei kaum Kontakt zu Urberlinern pflegen.

Denn die gebürtigen Berliner wohnen eher Richtung Stadtrand als im Zentrum. So sind in Blankenfelde, einem im Norden gelegenen Ortsteil von Pankow, mehr als zwei Drittel der Bewohner in Berlin geboren, das gleiche gilt für Rudow, einen Ortsteil von Neukölln, sowie manche Gebiete in Spandau. In den Ortsteilen Mitte und Prenzlauer Berg verhält es sich dagegen umgekehrt. Im ganzen inneren S-Bahn-Ring sind – abgesehen von einer Tempelhofer Enklave – die Zugezogenen in der Mehrheit. Das liegt zum einen sicher daran, dass besserverdienende Migranten aus dem In- und Ausland die armen Urberliner Richtung Stadtgrenze verdrängt haben. Aber auch an der Liebe des Berliners zur Stadtrandidylle. So lobt ein junger Plattenbaubewohner das Leben dort wie folgt: „Dit hat doch kaum eine andere Jroßstadt uff der Welt. Da kann man mitten in der Stadt dit Fenster uffmachen und dabei pennen. Ab 22 Uhr is hier Ruhe."

Ähnliches hört man im MV, dem von Sido als „mein Block" zum Ghetto runtergerappten Märkischen Viertel. Das Hochhausquartier mit 16.400 Wohnungen entstand zwischen 1963 und 1974 im Norden von West-Berlin. So gut lebt es sich dort, dass die Durchschnittsverweildauer der „Märker", wie sich die MV-Bewohner nennen, bei 21 Jahren liegt. Die schwören, natürlich, auf ihre vielen Grünflächen, die zwei kleinen Seen mitten in ihrem Viertel, die vielen Spielplätze. Der Berliner liebt seine innerstädtischen Luftkurorte. Der Schauspieler Markus Majowski, geboren in West-Berlin, schrieb auf die Frage, ab wann man Berliner sei: „Wenn du eine Nacht im Tiergarten schläfst und das danach immer wieder tun willst."

In Berlin wird um jedes Fitzelchen Grün erbittert gekämpft. So setzten sich just besorgte Bürger und Kleingärtner in Charlottenburg-Wilmersdorf vehement dafür ein, das Bezirksamt dazu zu bringen, Grünflächen und Kleingärten „dauerhaft" zu sichern. 18.300 Unterschriften sammelten sie dafür. Die Bezirksverordnetenversammlung hat sich daraufhin diese Forderung kurz entschlossen zu eigen gemacht. Die Politiker wissen, wie sehr das Grünzeug dem Wähler am Herzen liegt. Über die Lokalnachrichten hinaus schaffte es in den vergangenen Jahren vor allem der Kampf ums Tempelhofer Feld, das Gelände des ehemaligen Flughafen Tempelhof. Hier vergnügen sich die Berliner mit allerlei fahrbaren Untersätzen auf den ehemaligen Rollbahnen, lassen Drachen steigen, betreiben „urban gardening". Die Pro-Tempelhof-Aktivisten zwangen die Politik 2015 schließlich per Bürgerentscheid mit knapp 740.000 Berliner Stimmen dazu, eine Bebauung des Areals gesetzlich zu verbieten.

Aufgrund der Wohnungsknappheit sind längst Forderungen an die Umweltfreunde aufgekommen, sich bei solchen Flächen doch nicht so unvernünftig anzustellen. Anfang 2016 beschloss der Senat angesichts der Flüchtlingskrise, wenigstens eine temporäre Bebauung zuzulassen. Die Industrie- und Handelskammer verlangte im Frühjahr 2016, eine dauerhafte Bebauung der Ränder des Tempelhofer Feldes solle doch möglich sein. Sollte es? Der Berlin-Code spricht dagegen. Denn die Bebauung betrifft gleich zwei elementare Gefühle des Berliners. Erstens die Liebe zu einer möglichst großen Vielzahl an Möglichkeiten. Und zweitens den Stolz auf seine grüne Stadt.

Die Verantwortlichen in der Berliner Politik täten gut daran, aus lauter Wohnungsnot den Berlinern nicht „hintenrum" ihre grüne Seele stehlen zu wollen. Was bisher fehlt und dringend nötig ist, sind zukunftsweisende Konzepte, wie man die boomende Stadt wohnungstechnisch verdichten kann, ohne aus Grün Grau zu machen. Parkplätze planen können alle. Plätze für Parks und Wohnungen planen wenige. Wenn Berlin eine Stadt der Zukunft sein will und zugleich seine besondere Mischung von drinnen und draußen bewahren, müssen Politik, Verwaltung, Projektentwickler und Investoren gemeinsam mit den Berlinern die Stadt entwickeln. Mehr Wohnraum plus mehr Grün ist dabei die Devise. Sonst wird es immer schwieriger werden, Bauvorhaben in Berlin durchzusetzen.

Denn was passiert, wenn man einer Berliner Pflanze die Pflanzen wegnimmt, kann man auf dem Blog „Notes of Berlin" nachlesen, der öffentlich ausgehängte Zettel aller Art versammelt. Auf einem steht: „Du Arschloch von Blumendieb. Wir wünschen dir, dass du überfahren wirst und so ein Ende wie Monica Lierhaus und Schumacher zusammen."

Draußen ist das neue Drinnen.
Oh, wie schön ist Berlin.

JANOSCHS TIGERENTE FINDET BERLIN MINDESTENS
GENAUSO SCHÖN WIE PANAMA.

#10

REGELN? WELCHE REGELN?

WIESO BERLINER IMMER ERST EINMAL DAGEGEN SIND

Es ist schwierig, eine Berlin-Kampagne zu machen. Denn Berliner sind erst einmal prinzipiell gegen so ein Mitmachding, das ordentlich organisiert wirkt – wie man auf den Dicken-B-Plakaten sofort erkennen konnte. Die mit Abstand meist genannte Antwort auf die Frage: „Was darf ein Berliner niemals tun?" war: „Bei so was mitmachen." Das war die freundlichste Variante. Die ausführlichste postete ein Mann namens Christoph Schulz-Hackbarth auf Facebook und verglich „Like Berlin" mit der offiziellen Berlin-Werbung. „Unfassbar, dass ihr es schafft, die Dämlichkeit der be-Berlin-Kampagne noch zu toppen. Noch etwas, für das man sich als Berliner schämen muss." Die kürzeste war einfach „Penis" in Wort und Bild.

Aber wir waren trotzdem glücklich. Denn auch Pöbeln ist Kommunikation und Information. Und die Grundidee von „Like Berlin" ist doch, dass Berliner Plakate beschmieren und wir dadurch die Seele der Stadt erfahren. Das Beschreiben von Plakaten an sich ist im allgemeinen deutschen Verständnis ja schon ein Regelbruch. Aber in Berlin krakeln sogar gebrechliche Rentnerinnen mit Verve ihre Meinung auf die Dicken Bs. Auch Sätze wie: „Niemals der Obrigkeit trauen!"

Ein wichtiges Gebot in Berlin: Tu erst mal so, als gebe es keine Regeln. Ermahnungen wie „Das macht man doch nicht" oder „Das gehört sich nicht" klingen in den Ohren des Berliners wie eine exotische Fremdsprache. Und U- oder S-Bahn-Tickets kaufen? War da was? Rund 650.000-mal im Jahr erwischen Kontrolleure in Berlin jemanden beim Schwarzfahren. Damit sind wir absolut Spitze in Deutschland. Wird einer drei Mal ertappt, gibt es eine Anzeige. Im Jahr 2015 wurden rund 30.000 solcher Mehrfachtäter registriert. Davon sind sicher etliche, aber nicht alle zu arm, ein Ticket zu kaufen. Auch Fußgänger machen sich hemmungslos strafbar. Bei Rot stehen bleiben? Nicht in

Berlin. Da sieht man Ampeln eher als Empfehlungszeichen. Sogar Autofahrer definieren die Rotphase immer öfter als einen Zeitraum, der ungefähr eine Sekunde, nachdem die Ampel auf Rot geschaltet hat, beginnt.

Den Respekt vor der Obrigkeit sucht man in Berlin vergebens. Ein wenig wie Italien. Während man in Stuttgart fragt: „Ist das erlaubt?", bevor man etwas tut, fragt man in Köln: „Ist das verboten?" In Berlin fragt man gar nicht. Das muss man nicht gut finden. Ist aber so. Auf unsere Frage, was ein Berliner niemals tun dürfe, hörten wir auch öfter: „Berliner dürfen alles." Besonders hübsch die Pöbelei: „Ich darf alles, ihr Lappen." Wie man sich richtig benimmt in Berlin? Daneben! „Misbehave", forderte jemand auf Englisch auf einem Dicken-B-Poster. Kein Problem. In Berlin kann man Menschen neben Polizeiautos kiffen sehen.

Der Berliner Polizist schreitet heutzutage nur ein, wenn er schwere Straftaten vermutet oder einer seiner Chefs, der Innensenator, der Regierende oder der jeweilige Bezirks-Bürgermeister, mal wieder zeigen will, dass die Politik endlich durchgreift. Das kann man sehr schön jeden Sommerabend in den Berliner Parks oder an der Admiralbrücke in der Nähe der Synagoge in Kreuzberg beobachten, wo die Polizei genauso regelmäßig Razzien durchführt, wie die Berliner und ihre Gäste die Orte wieder „reclaimen". Legendär ist die Geschichte vom zerstörten BMW am Kurfürstendamm im Juli 1994. Die Polizei sah damals freundlich zu, wie das Dach des Luxusautos von Loveparade-Besuchern regelrecht erst erstürmt und dann komplett platt getanzt wurde. Der sichtlich amüsierte Beamte belehrte den verzweifelten Besitzer: „Hättense ma heute ausnahmsweise nich im Haltevabot jeparkt." So wie der Rest der Stadt hat sich die Berliner Obrigkeit daran gewöhnt, dass Berliner eine basisdemokratische Auffassung von Recht und Ordnung haben. Kürzlich fragte die Berliner Polizeiführung ihre Mitarbeiter, ob sie das geltende Verbot sichtbarer Tattoos für Polizeibeamte beibehalten wollen.

HOW TO BEHAVE RIGHT IN BERLIN?
don't give a shit about anything
WAS DÜRFEN BERLINER NIEMALS TUN?
Bei grün über die Ampel gehen!

Die Mehrheit sprach sich (natürlich) gegen das Verbot aus. Berliner Polizisten, im Gesicht tätowiert? Kein Problem, finden zumindest die Berliner Polizisten.

Kein Wunder, dass Berliner heutzutage Gesetze so sehen, als stünden sie ständig zur Volksabstimmung. Und könnten durch bloße Ignoranz gekippt werden. Das heißt nicht, dass man hier machen kann, was man will. Es gilt frei nach Immanuel Kant (einst Mitglied der Berliner Akademie der Wissenschaften): Dein Gesetz sollte so gut sein, dass es zum Berliner Gesetz werden könnte. In der Praxis bedeutet das: Wenn ein Kind an der Ampel steht, warten auch Hipster und Punks brav vor sich hin. Die Berliner haben eine kritische Einstellung gegenüber Regeln und Gesetzen, weil sie meinen, ihr gesunder Menschenverstand stehe über allem, was sich eine Regierung ausdenkt. Und weil sie sich in ihrer Freiheit nicht gerne beschneiden lassen.

Ebenjener Unabhängigkeitsdrang hat in Berlin Tradition, wie der Hobbyhistoriker Wieland Giebel mal in der „Berliner Zeitung" erläuterte. „Immer wieder in der Geschichte zeigte sich die Freiheitsliebe der Berliner als Gegenpol zur Unfähigkeit ihrer Regierung", erklärte Giebel, der den Buchladen und das Museum „Story of Berlin" betreibt. „Das fing schon 1448 beim ‚Berliner Unwillen' an, als Berlins und Cöllns Bürger gegen den Kurfürsten rebellierten, seine Schlossbaustelle auf der Spreeinsel fluteten und Finanzbeamte ins Wasser warfen."

Was damals genau passierte: 1442 wollte Kurfürst Friedrich II. den Zusammenschluss der beiden Städte Berlin und Cölln auf-lösen und ihnen die Mitgliedschaft in der Hanse untersagen. Die damals gerade mal 8000 Bewohner der Doppelstadt verbaten sich die Einmischung. Nach sechs Jahren Diskussionen eskalierte der Streit. Am Ende setzte sich der Kurfürst durch, der sich dadurch endgültig den Beinamen „Eisenzahn" verdiente. Berlin bekam ein neues Wappen, das den Bären nicht mehr aufrecht, sondern auf allen vieren und dominiert vom märkischen Adler zeigte. Dennoch hielt sich die Geschichte der aufmüpfigen Berliner im Stadtgedächtnis und wurde im 19. Jahrhundert als Mythos vom „Berliner Unwillen" populär. Etliche vaterländische Romane drehen sich darum. Der berühmteste stammt von Willibald Alexis, ist über 750 Seiten dick und trägt den Titel „Der Roland von Berlin". Das Buch erzählt die Geschichte des Bürgermeisters Johannes Rathenow, der heroisch für das Recht der als ziemlich derb, aber eloquent geschilderten Bewohner kämpft.

„AUCH BERLINER JUBELTEN DEN NAZIS ZU"

Wir wissen nicht, ob Friedrich Wilhelm Voigt diese Geschichte gelesen hatte. Aber von seinen Lebensdaten her – 1849 bis 1922 – hätte sie ihm vertraut sein können. Fakt ist, dass er sich am 16. Oktober 1906 mit Fundstücken aus dem Trödel als Hauptmann verkleidete und an der Militär-badeanstalt Plötzensee einen kleinen Trupp Soldaten rekrutierte. Ihnen erklärte er, er habe einen wichtigen Befehl. Mit dem Zehn-Mann-Regiment fuhr er per S-Bahn zum Rathaus des damals noch selbstständigen Örtchens Köpenick. Das besetzte er kurzerhand, beschlagnahmte die Stadtkasse und setzte sich damit nach Berlin ab. Zehn Tage später wurde er dort verhaftet, weil ihn ein ehemaliger Zellengenosse verriet. Doch ihm war ein Coup gelungen, der literarisch und filmisch immer wieder als Saga vom „Hauptmann von Köpenick" verwurstet wurde. Eine typische Berlin-Geschichte darüber, wie man seine eigenen Regeln macht.

Das heißt nicht, dass die Berliner geborene Revolutionäre sind, da haben die Pariser nachhaltigere Erfolge aufzuweisen. Es dauerte hierzulande bis zur Novemberrevolution 1918, bis man einen erfolgreichen Aufstand zustande bekam. Die Revolte mündete bekanntlich zunächst in eine Weimarer, nicht in eine Berliner Republik. Der wiederum machten die Nazis bereits am 30. Januar 1933 den Garaus. In Berlin. Dort marschierten zu

Hitlers Machtergreifung Kolonnen von SA- und SS-Männern durch das Brandenburger Tor, im Sommer ließ Propagandaminister Joseph Goebbels die Szenen nachdrehen. Die zwölf folgenden Jahre sollten das Selbstverständnis der Berliner als widerspenstige Geister nachhaltig erschüttern. 1933 wählten 31 Prozent die NSDAP. Gut zehn Prozentpunkte weniger als im Reichsdurchschnitt, aber immerhin. Auch Berliner jubelten den Nazis zu, brannten Synagogen nieder, zerstörten jüdische Geschäfte, deportierten über 50.000 Juden.

Doch selbst in dieser repressiven Zeit wollten sich einige Berliner nicht an die Regeln halten. Sie versteckten Juden, verteilten heimlich Flugblätter und erhoben sogar ihre Stimme in aller Öffentlichkeit gegen den Wahnsinn. Die größte spontane Protestdemonstration während der NS-Zeit gab es in der

Rosenstraße in Berlin-Mitte. Hier verlangten Ehefrauen von verhafteten jüdischen Männern 1943 mutig deren Freilassung. Auch im Alltag verweigerten sich Berliner. Eine Szene beschreibt Ursula von Kardorff in ihren „Berliner Aufzeichnungen 1942–1945". So soll ein Berliner Arbeiter in der Tram einer Frau Platz gemacht haben, die einen Judenstern trug. Mit den Worten: „Setz dir hin, olle Sternschnuppe!" Nachdem ihn ein Mitfahrer dafür rügte, sagte er: „Üba meenen Arsch verfüje ick alleene."

Auch diese Geschichte wird gerne immer wieder erzählt, etwa 1988 in einem „Spiegel"-Artikel über die Brandmarkung durch den Judenstern, 1999 in einem „Welt"-Artikel über Berliner

WAS SIND
BERLINS
DREI
GRUNDWERTE?

• ROT
• GRÜN
#KUNTERBUNT

Humor und in dem 2015 erschienenen Berlin-Buch von Peter Schneider mit dem Titel „An der Schönheit kann's nicht liegen". Der Autor, Jahrgang 1940, kam 1962 wie so viele vor allem aus einem Grund nach Berlin: Er wollte nicht zum Bund. „Das Studium in der ‚Frontstadt' galt als eine Art Ersatzdienst", schreibt er – und gewährt dann aus heutiger Sicht verblüffende Eindrücke aus dem Berlin der 1960er. Schneider erinnert sich daran, dass damals mitnichten alle bei Rot über die Straße latschten. Vielmehr schreibt er, dass Fußgängergruppen den wenigen Einzelpersonen, die sich das wagten, hinterherriefen: „Es ist Rot".

Und der Autor fragt sich noch heute: „Welche Leidenschaft trieb den noch weit entfernten Autofahrer dazu, angesichts eines solchen Fußgängers plötzlich Gas zu geben und auf ihn zuzurasen?"

„WEST-BERLIN, DAS WAR NICHT DEUTSCHLAND"

Es waren wohl kritische Geister wie Schneider, die Berlin zur heute praktizierten Regellosigkeit erzogen. Leute, die als Wehrflüchtige kamen und dann als Studenten in den Unis und auf der Straße gegen das alte System rebellierten. Und nach und nach immer mehr scheinbare Selbstverständlichkeiten infrage stellten. Zum Beispiel, warum Altbauten leer stehen sollen, wenn Menschen dringend Wohnungen suchen. Und so wurde Berlin zur Stadt der Hausbesetzer und Kreuzberg zu ihrer Hochburg. Am 8. Dezember 1971 spielte die Band „Ton Steine Scherben" in der Technischen Universität am Ernst-Reuter-Platz, während des Konzerts wurden Flugblätter verteilt. Sie riefen dazu auf, nach dem Konzert nach Kreuzberg zu ziehen und das leer stehende, ehemalige Krankenhaus Bethanien zu besetzen.

300 junge Leute folgten in dieser Nacht dem Aufruf, besetzten Teile des Bethanien, benannten es kurzerhand in „Georg-von-Rauch-Haus" um – und schrieben Berliner Geschichte. Sie legten den Grundstein für eine „Okkupations-Kultur". In den Jahrzehnten danach wurden rund 630 Häuser besetzt. Im

Vergleich zum Wohnbestand von über 300.000 Gebäuden ist das wenig, aber Kreuzberg wurde dadurch endgültig als extraterritoriales Gebiet markiert. West-Berlin, das war nicht Deutschland. Barbara Lang formulierte das in ihrer Dissertation „Mythos Kreuzberg" so: „Der Stadtteil wurde im Rahmen der Häuserbesetzungen zur ‚freien Republik', zum Ghetto und gallischen Dorf." Ebenjenes Image übertrug sich auch auf den Rest der Stadt, die vor allem Leute anzog, die eben nicht eine Karriere in der traditionellen Geschäftswelt anstrebten. „Für sie war Berlin Dead End", schreibt Lang. „Gleichzeitig war West-Berlin dadurch offen für andere potentielle Nutzungsmöglichkeiten und strahlte eine Anziehungskraft als soziales Laboratorium aus. Als Ort der Innovation und kulturellen Offenheit." 1984 beschrieb der Reiseführer „Anders Reisen" Berlin als „erste Adresse für Aussteiger und Freaks".

Tapfer kämpfte das offizielle Berlin zunächst gegen dieses Image, versuchte, sich mit Räumungen gegen die Hausbesetzer brachial durchzusetzen, auch die SPD verfolgte zeitweilig eine Null-Toleranz-Strategie – was in Straßenschlachten mündete, aufmerksam begleitet von Lokalmedien wie Radio 100, die gerne live vor Ort berichteten, als handele es sich um ein Fußballspiel. Als im Herbst 1990 rund 3000 Berliner Polizisten die besetzten Häuser in der Mainzer Straße räumten, kam es zu schweren Auseinandersetzungen und zu einem Bruch der rot-grünen Koalition.

2016 erhitzt nun wieder ein Streit um ein sogenanntes besetztes Haus die Gemüter. Adresse: Rigaer Straße 94. Dabei gibt es eigentlich keine besetzten Häuser mehr, alle Bewohner haben Mietverträge, auch die in der Rigaer. Grob zusammengefasst geht es um Gewalt von Linken gegen Polizisten, eine Polizeirazzia mit 500 Mann, eine Räumung, die vom Gericht kassiert wurde. Und um einen Innensenator, der kurz vor der Wahl zeigen wollte, dass er durchgreifen kann. Und scheiterte.

Jedenfalls gibt es wieder Kämpfe zwischen Polizei und Hausbesetzern, wieder längliche Debatten in den Medien. Anders gesagt: Berlin beschäftigt sich aktuell mit seinem linksalternativen Erbe.

Ein Erbe, das ganz unterschiedliche Spuren in der Stadt hinterlassen hat. Eine davon: der Dresscode. Gerade ihm merkt man an, dass man hier einst den konservativen Eltern den Kampf angesagt hat. Wohl nirgendwo sonst auf der Welt gibt sich das Publikum bei Hochkulturveranstaltungen solche Mühe, unaufgedonnert auszusehen. „Lieber underdressed als overdressed", erklärte einer auf einem B-Plakat zum guten Ton in Berlin. Und auf die Frage, ab wann man Berliner ist, antwortete jemand: „Wenn du keinen Kleidergeschmack mehr hast." Die Publizistin Angelika Taschen beschreibt die ortstypischen Gepflogenheiten in ihrem Buch „Berliner Stil" recht freundlich als „Anti-Chic". Heißt: Wenn Cocktailkleid, dann bitte mit Springerstiefeln. Wenn Sakko, dann aber mit Rockband-T-Shirt. Es scheint, als habe man „casual dining", also teuer essen in irgendwie lässiger Atmosphäre und unaufgeregter Garderobe, nur für Berlin erfunden.

Aber wer weiß. Der Berliner scheint modisch lernwillig. 2016 hat die Komödiantin Ilka Bessin beschlossen, ihre Kunstfigur Cindy aus Marzahn in Rente zu schicken – und mit ihr den pinken Jogginganzug. Stattdessen will sie nun Fashion für Übergewichtige entwerfen. Es gibt sicher einen neuen Stilwillen in Berlin, wie auch unsere Fotoshootings mit B-Plakaten im Bikini Berlin zeigten. Zwei besonders schicke Frauen schrieben sogar auf ein Plakat zur Frage, ab wann man Berliner sei: „When u make a style statement." Tatsächlich gibt es Menschen, wie unsere usbekische Like-Berlin-Mitarbeiterin, die behaupten, man sehe in Berlin heutzutage überdurchschnittlich tolle Outfits. Overdressing in Berlin – ist auch irgendwie Revolte.

Der Berliner verhält sich eben reaktant. Heißt: Sag ihm, was er nicht tun soll, und er macht es erst recht. Der Berliner Senat sollte sich also nicht allzu sehr über „Berliner Unwillen Reloaded" wundern. Als die Berliner sich mit Mehrheit gegen die Bebauung von Tempelhof wehrten (siehe voriges Gebot), reagierte Berlins damaliger Häuptling Wowereit so, wie ausgebremste Fürsten schon immer reagierten, nämlich zickig: „Die Berliner wollen bezahlbaren Wohnraum – aber offensichtlich nicht vor der eigenen Haustür." Und sein Kollege Jan Stöß meinte sogar, die falsche Einstellung des Berliner Wahlvolkes korrigieren zu müssen: „Darum werben wir für eine neue Einstellung, für ein neues Bewusstsein, für ein Ja zu Neuem."

Es ist in Berlin wie überall: Wenn das Volk zu anstrengend wird, wünschen sich die Regierenden sehnlichst ein neues. Bis dahin versucht man einfach, möglichst wenig mit den nervigen Leuten zu diskutieren. Doch nun wehren die sich auch noch dagegen, dass man ihren Volksentscheid aufweicht. So hat im Juli 2016 die Initiative „Volksentscheid retten" 70.000 Unterschriften bei der Senatsinnenverwaltung in der Klosterstraße abgegeben. Ihr Anliegen: Das Abgeordnetenhaus soll künftig nicht einfach Volksgesetze nachträglich ändern können. Zudem wollen sie die Hürden für die direkte Demokratie senken und Volksabstimmungen künftig grundsätzlich an Wahltagen abhalten.

Gute Ideen eigentlich. In den letzten zwanzig Jahren gab es in Berlin ungefähr dreißig Volksbegehren, -initiativen und -entscheide. Das ist eine leise, kontinuierliche, konstruktive Rebellion. Ja, die Berliner sind ein schwieriges Volk. Und nein, auch mit einer direkteren Demokratie werden sie sich nicht an die Regeln halten. Aber man würde sich viel Energie sparen. Und die Kraft entfesseln, die Berlin innewohnt. Denn Berliner sind nicht gegen alles. Sie sind einfach nur pragmatisch. Die zukünftigen Berliner Regierungen sollten akzeptieren, dass Widerspruchsgeist Bestandteil der Berliner DNA ist. Berliner akzeptieren nicht einfach, sie entscheiden selbst. Die Metropole, die gerade schneller als alle anderen Städte Europas wächst, wäre viel einfacher zu regieren, wenn man sich vor Ort Hilfe holte: vom eigenen Volk. Berliner machen sowieso, was sie wollen. Wieso fragt man sie dann nicht einfach, was genau ihr Wille ist? Geben wir Karl Scheffler das letzte Wort dieses Kapitels und zitieren noch mal aus seinem Werk „Berlin. Ein Stadtschicksal" von 1910: „Die Hauptstadt hat jetzt wirklich, nicht nur nominell, in Deutschland die Führung. Kraft aller jener Eigenschaften der Berliner, die oft genug unliebenswürdig wirken, die aber eine entschiedene Widerstandskraft und einen nüchtern-gläubigen Optimismus verbürgen. Die uralten Kolonisteninstinkte sind immer noch lebendig; und sie sind eben jetzt wieder recht am Platz."

11

MACH BERLIN ZU
DEINER MISSION

WESHALB BERLIN WENIGER EINE STADT ALS EINE EINSTELLUNG IST

Wir haben hier im Buch bislang mit „Berlinern" einfach alle Menschen gemeint, die in Berlin wohnen. Allerdings gehen, zugegeben, bei keiner unserer B-Fragen die Meinungen so weit auseinander wie bei jener, ab wann man sich überhaupt Berliner nennen darf. Einige sehen die Zugangshürde für das Berlinertum bereits „ab dem ersten Späti-Bier" genommen. Andere definieren es als „Gnade der Jeburt". Auf den ersten Blick scheinen sich die Lager „Geburtsrecht" und „Berliner kann jeder" unversöhnlich gegenüberzustehen. Doch es finden sich etliche Zwischenpositionen. So billigen manche Urberliner den Zugezogenen immerhin den Status als „Neu"- oder „Wahlberliner" zu. Andere befinden, dass man sich den Titel „Berliner" selbstverständlich durch ein paar Jahre Ausharren in der Stadt erwohnen kann. Oder durch ortstypisches Wissen – etwa zu wissen, dass Pfannkuchen in Berlin nicht „Berliner" heißen. Weil die Antworten so ein schillerndes Panoptikum abbilden, wollen wir noch einige im O-Ton auflisten, bevor wir das elfte und letzte Berliner Gebot verkünden.

„9. November 1989"
„Wenn du in Berlin geboren bist, oder wie lange muss ein Huhn durch den Wald rennen, bevor es ein Fuchs wird?"
„Wenn du alle verachtest, die nach dir nach Berlin gezogen sind. Diese Gentrifizierer!"
„Wenn du hier geboren bist, Keule"
„Ich weiß es, Keule"
„Weil ich bin wie ich bin"
„Wenn du hier geboren bist, ansonsten lebst du ‚nur' in Berlin"
„Steht in der Geburtsurkunde"
„Nach fünf Jahren in der Muddastadt"
„Wenn du hier aufgewachsen bist"
„Nach zehn Jahren"

„Sobald du dich hier zu Hause fühlst. Aber nennen darfst du dich erst offiziell Berliner, wenn du es zehn Jahre hier ausgehalten hast"
„Wenn Frühstück um 14 Uhr ist"
„Wenn du Currywurst ohne Darm bestellst"
„Wenn du nicht versuchst, deine Werte aus der Kleinstadt in Berlin durchzusetzen"
„Wenn dir Hipster, Clubs und Kreuzkölln egal sind"
„Berlinerin und Berliner ist jede und jeder, der in Berlin wohnt oder arbeitet! Herkunft spielt keine Rolle!"
„Wenn du Schrippe und Bulette sagst und deine Sätze grundsätzlich mit ,Alter' beendest"
„Bierpulle in der Hand, am besten schon morgens"
„Wenn ich den Weg finde, ohne mein Smartphone zu benutzen"
„Wenn dich ein echter Berliner für einen Berliner hält"
„Das fühlt man"
„Dit spürste"
„Es war Liebe auf den ersten Blick"
„Wenn dein Herz hier schlägt und du zu Hause bist"

„Seeing the TV-Tower during descent"

„Wann du willst!"

„Wenn meine Freunde & Familie mir sagen: ‚Man merkt, dass du jetzt in Berlin wohnst.'"

„Wenn deine Disco früher ‚Rock it', ‚Dschungel' oder ‚90°' hieß!"

„Wenn du die Stadt vermisst an allen anderen Orten"

„Wenn man Berlin überall verteidigt, sogar wenn es um einen Flughafen geht!"

Viele der Äußerungen machen klar: Überzeugungsberliner kann man auf jeden Fall werden, ob das nun allen Urberlinern recht ist oder nicht. Und das ist auch gut so. Bei unseren Diskussionsrunden wurde nämlich deutlich, dass eine ordentliche Portion Lokalpatriotismus Menschen dabei hilft, die Stadt richtig zu „bedienen". Diejenigen, die vorher in einem Fragebogen angekreuzt hatten, dass Berlin ihr Lieblingsort sei, erklärten den anderen Diskussionsteilnehmern oft ausführlich und im Predigerton, wie man sämtliche Möglichkeiten für sich

DAMIT AUS
DRUCK
KUNST
WIRD!

LIKE BERLIN

LASERLINE
We print it. You love it!

LASERLINE Druckzentrum · Scheringstraße 1 · 13355 Berlin · Telefon 030 46 70 96 - 0 · www.laser-line.de

ausschöpft, immer schön nach dem Gebot: Mach Berlin zu deiner Mission.

Lokalpatrioten fanden sich in den unterschiedlichsten Gruppierungen, unter ausländischen Studierenden ebenso wie unter Marzahner Arbeitslosen oder Unternehmern. Es sind Alte und Junge, Sachsen und Bayern, Brasilianer und Slowenen. Manche Überzeugungsberliner berlinern, manche sprechen nicht mal Deutsch. Eine Marokkanerin ist nach ein paar Jahren in der Stadt so infiziert von ihrer Wahlheimat, dass sie zu Protokoll gab: „Berlin, das fließt in meine Blut."

Die Berlin-Liebhaber zeichnen sich außer durch ihre starken Gefühle für die Stadt dadurch aus, dass sie stets ein riesiges Arsenal zur Verteidigung Berlins auffahren. Hier ein paar Beispiele aus den Gesprächsrunden. Zu viele Touris? „Berlin ist groß, das verläuft sich hier." Das Brandenburger Tor ist nur noch Disneyland? „Ich find es schön, dass es hier diese alten Sachen gibt." Zu viel Kriminalität? „Na, das ist kein Berliner Problem, das ist doch typisch Großstadt." Das Wetter ist ätzend im Winter? „Aber es gibt doch Heizungen." Berlin war Hauptstadt zu Nazi-Zeiten? „Aber Hitler war doch kein Berliner um Himmels willen!" Lokalpatrioten sind Meister im Wegdiskutieren. Und Schönreden.

Ob von Bierbike-Fahrern, Taschendieben, unendlichen Wintern – ganz klar wollen vor allem die Lokalpatrioten sich die Stadt nicht durch Einschränkungen vergällen lassen. Sollen doch andere über Touristen lästern. Überzeugungsberliner gehen lieber selbst mal ins Zentrum der Touri-Orkane. Ist doch nett! Und gerade wenn von dem unfreundlichen Auftreten der Bewohner die Rede ist, versuchen sie mittels Relativierungen und Umdeutungen Berlin in besserem Licht darzustellen. Gerne geben sie Verhaltenstipps, wie man mit den Eingeborenen

„ABER HITLER WAR DOCH KEIN BERLINER UM HIMMELS WILLEN!"

umgeht. So erteilt die bereits erwähnte Marokkanerin ihren Mitdiskutantinnen handfeste
Ratschläge zur Akklimatisation. Nachdem eine
Koreanerin sich über die Gleichgültigkeit der
Berliner wundert, sagt sie: „Dass jemand zu dir
kommt, gibt es leider nicht. Aber wenn du Hilfe
brauchst und jemand fragst, dann gibt dir Antwort." Kann man auch übersetzen mit: Berliner
Glück muss man sich erarbeiten.

Tatsächlich sind Lokalpatrioten gute Lehrmeister, in einer Diskussionsgruppe war mitzu-
erleben, wie ein junger Engländer schließlich
das Konzept Berliner Schnauze verstand. Hatte
er vorher noch über die Unfreundlichkeit ge-
klagt, die ihn beim schwulen Ausgehen plagte,
machte die Einordnung als typisch berlineri-
sches Verhalten die Sache plötzlich viel leichter
für ihn. Seine Aha-Erkenntnis: „Die Bayern und
die Schwaben sind total freundlich und so, aber
ein bisschen hinterfotzig. Hier sind sie so richtig
bäng, bäng, bäng." Damit wäre er bei der
typischen Berliner Selbstbeschreibung „immer
voll auf die Zwölf, aber offen und ehrlich" gelan-
det. Wenn man sich fragt, warum Berlin trotz
aller Zuzugswellen so hartnäckig Berlin bleibt,
kommt den Berlin-Missionaren sicher eine
Schlüsselrolle zu. Alles weist darauf hin, dass sie
maßgeblich daran beteiligt sind, die Sichtweise
auf Berlin als Stadt der vielen Möglichkeiten am
Leben zu halten, ebenso die Berliner Schnauze.
Der amerikanische Soziologe Gerald T. Suttles
hat in einem für die Stadtforschung bedeutsamen Text 1984 die Rolle der „Local Boosters"
für den Charakter eines Ortes betont, wobei er

darunter vor allem Eliten wie Geschäftsleute und Politiker fasste. Aber das Like-Berlin-Projekt regt dazu an, diesen Begriff des „Lokalmatadors" viel weiter zu fassen: Auch Studierende, Taxifahrer und Senioren können bedeutsame Boosters sein, die sich mit patriotischem Eifer darum bemühen, Berliner Charakteristika zu lehren.

An solchen Lokalpatrioten mangelt es Berlin wahrlich nicht. Die Hertie-Stiftung hat bei ihrer Befragung von 2000 Berlinern herausgefunden, dass 59 Prozent „gern" und 37 Prozent sogar „sehr gern" hier leben – obwohl mehr als die Hälfte eher oder sehr unzufrieden mit der Politik der Stadt ist. Die Forscher erklären sich die trotzige Zufriedenheit mit etwas, das sie „Liga-Logik" nennen. Berlin und die Berliner, so ihr Schluss, genügten sich selbst. Man vergleiche sich höchstens mit Londonern, Parisern und New Yorkern. Auch wenn diese Städte in allen denkbaren Kennziffern vorne lägen, gefühlt gehöre man als Berliner dazu. Merke: Wer Berlin lieben will, muss glauben, er bewege sich in der City-Champions-League. Mottos: „Uns kann keener" und „Ich bin ein Metropoliner".

Jetzt fehlt nur noch, dass Berlin politisch auf Vordermann kommt. Es kann ja nicht sein, dass zum Beispiel die Wahl einer weiterführenden Schule für Familien zu einer Zitterpartie geworden ist. Dass im Mai mal eben 1800 Sechstklässler nicht wissen, wo sie im Juli in die Schule gehen werden. Und im Juli für manche Kinder (auch die mit Einser-Zeugnissen) klar ist, dass sie jeden Tag weite Strecken pendeln müssen, wenn sie ein Gymnasium besuchen wollen. Es kann nicht sein, dass Anwohner des Görlitzer Parks oder des RAW-Geländes Angst vor einem Spaziergang haben müssen, weil sie sich entweder an Drogendealer-Spalieren entlang oder durch Polizeibataillone in Bürgerkriegs-Outfit drängeln müssen. Es kann nicht sein, dass man auf Bürgeramts-Termine monatelang warten muss, ständig S-Bahnen und Busse ausfallen und immer noch viel zu wenige Wohnungen

WAS SIND
BERLINS
DREI
GRUNDWERTE?

Respekt

Toleranz

Freiheit

gebaut werden und deshalb die Mieten explodieren. Es kann ebenfalls nicht sein, dass jedes Projekt viel teurer wird als geplant und viel länger dauert, sei es der Umbau der Staatsoper, die Renovierung von Schulen, die Erweiterung der U-Bahn-Linie 5 oder die Ausbesserung von Straßen. Es reicht einfach nicht, dass die SPD sagt, die CDU sei schuld, und umgekehrt.

Gerade als Berliner Lokalpatriot wünscht man sich doch, dass wir uns etwa bei Großprojekten ein Beispiel an London nehmen, wo man vor Olympia 2012 den Bürgern im Internet sämtliche Bau-Risiken im Detail vorrechnete. Und die Zahlen Monat für Monat aktualisierte. Nachher war man pünktlich fertig, billiger als geplant wurde es auch noch. Kein Wunder, dass 2015 bei der Forsa-Umfrage des Deutschen Olympischen Sportbundes nur die Hälfte der Berliner eine Kandidatur für die Spiele 2024 befürwortete. Zu groß war die Angst vor einem neuen BER. Wohl aus dem gleichen Grund stimmten viele gegen eine Bebauung Tempelhofs.

Irgendwie muss es uns überzeugten Berlinerinnen und Berlinern gelingen, die Stadtpolitik aufzumischen und uns einzumischen. All die Volksentscheide sind ein Anfang. Die Parteipolitik ist die nächste Bastion, die wir erobern müssen. Nicht umsonst versucht immer mal wieder irgendjemand (seien es eine Gruppe Studierender oder ein Berliner Club), die FDP zu übernehmen. Der Anfangserfolg der Piraten hat gezeigt, wie groß die Sehnsucht der Städter ist, etwas anders zu machen, besser zu machen. Und irgendwie typisch berlinischer zu machen, eben nicht Zero-Tolerance à la AfD. Bei den Piraten war es dann leider etwas zu viel Improvisation und zu wenig Plan. Aber Mitregieren als Bürger-Projekt: das ist noch ein paar Start-up-Ideen wert.

AB WANN
BIST DU
BERLINER?

Wenn dein
Herz hier schlägt
und du zu
Hause bist.

WOHER
WEISST DU,
DASS DU
BERLINER
BIST?

Ick bin
von hia?

Ach so. Wann ist man jetzt eigentlich Berliner? Und muss man das überhaupt genau definieren? Der Stadtsoziologe Hartmut Häußermann nannte es eine Stärke von Berlin, dass niemand so recht wisse, was der Berliner eigentlich sei. Ankommen sei genau deshalb einfacher als anderswo, weil es keine Tradition gebe, „die sich in bestimmten Trachten, Dialekten oder Musiktraditionen selbst immer wieder bestätigt". Mehr als andere Städte sei Berlin offen für das Abweichende. „Wer fremd in die Stadt kommt – ob aus dem In- oder Ausland – findet hier seine Zugehörigkeit in einem der zahlreichen Milieus", formulierte Häußermann. Auch das ist gut so.

Sogar die sprachlichen Hürden für eine gelungene Integration sind in Berlin eher klein. Okay, die Sache mit den Pfannkuchen und den Schrippen. Aber sonst? Weil viele Berliner selbst gar nicht berlinern, reicht es schon, ordentlich Hochdeutsch zu sprechen, um erst mal nicht weiter aufzufallen. Oder schlechtes Deutsch mit falscher Grammatik. Geht auch. Zur Not kommt man aber auch mit Englisch durch. Berlinern muss nicht sein, grottig berlinern schon gar nicht. Während man in Köln und München Sprachkurse im lokalen Idiom anbietet, ist uns so etwas aus Berlin nicht bekannt.

Im Buchhandel und im Internet sind allerdings zahlreiche Übersetzungshilfen zu finden, etwa auf spreetaufe.de. Dort lehrt man zum Beispiel, dass mit „Ihmchen" eine „nicht anwesende Person, über die man spricht" gemeint ist. Beispiel: „Olle Ihmchen hat jesacht, des dit so und so is." Und seinen Abschied leitet man demnach am besten ein mit „Ick mach'n Abjang!". Das bekommt man doch alles ohne Kurs hin. So is ebend Berlin. Jeder kann etwas beitragen und so die Stadtkultur bereichern. Berlin ist: einfach mitmachen. Da braucht es nur Leidenschaft. Und einen robusten Charakter.

DIE AUTOREN

Brenda Strohmaier wurde 1971 in München geboren und wuchs in Hessen sowie im Saarland auf. 1990 zog sie nach Berlin, um Publizistik zu studieren. Und den perfekten Ort zum Leben zu finden. Nach dem Studium war sie Redakteurin bei „radioeins", „Spiegel Online" sowie der „Berliner Zeitung" und schrieb für „Die Zeit". Seit 2006 arbeitet sie bei der „Welt", derzeit als Redakteurin im Ressort Stil/Reise/Motor. Seit kurzem darf sie sich auch Dr. phil. nennen. Thema ihrer Promotion: Wie man lernt, Berliner zu sein.

Alexander S. Wolf, geboren 1969 in Nürnberg, studierte ab 1991 Politologie an der FU Berlin, bis er 1992 den DJ-Radiosender KISS FM gründete. Später konzipierte und organisierte er die Deutschen Gründer- und Unternehmertage, initiierte die ClubCommission Berlin und moderierte bei Jazzradio und radioeins. 1999 wurde er vom Land Berlin beauftragt, eine Kampagne zu entwickeln, um die Botschaften nach ihrem Umzug in der neuen Hauptstadt zu begrüßen. Danach war Wolf im Botschaftsnetzwerk Berlin dafür verantwortlich, diplomatische Neuberliner mit der Stadt zu verdrahten. Heute führt er das Netzwerk AusserGewöhnlich Berlin und arbeitet als Dozent für Networking und Community Building.

DIE GEFÄHRTEN VON LIKE BERLIN:

LIMES

PAPERPLAIN

BERLINA PFLANZE
by Inga Lieckfeldt

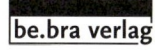

be.bra verlag

STRÖER

Bibliografische Information der Deutschen Nationalbibliothek

Die Deutsche Nationalbibliothek verzeichnet diese Publikation in der Deutschen Nationalbibliografie; detaillierte bibliografische Daten sind im Internet über http://dnb.d-nb.de abrufbar.

© berlin edition im be.bra verlag GmbH
Berlin-Brandenburg, 2016
KulturBrauerei Haus 2
Schönhauser Allee 37, 10435 Berlin
post@bebraverlag.de
Lektorat: Robert Zagolla, Berlin
Gestaltung & Satz:
Paperplain GmbH, Berlin
Schrift: Montserrat 8,5 / 12 pt
Druck und Bindung:
Laserline Druckzentrum Berlin KG

ISBN 978-3-8148-0225-1 (Buch)
ISBN 978-3-8393-4126-1 (E-Book)

www.bebraverlag.de